JN186470

授業に生かすマインドマップ®

●アクティブラーニングを深めるパワフルツール

関田一彦・山﨑めぐみ・上田誠司 著
Kazuhiko Sekita, Megumi Yamasaki & Seiji Ueda

Mind Mapping in Active Learning

ナカニシヤ出版

はじめに

この本は，イギリスのトニー・ブザン氏によって考案・開発されたマインドマップという思考ツールを大学生の学習支援に活用する試みの紹介です。マインドマップはコンセプトマップ（概念地図法）の一種ですが，ビジネスの世界を中心に広く普及し，近年，日本の学校教育においても注目を集めているものです。

私は長年，レポートの書き方や授業の受け方など大学生の学習スキルに関する学習相談・支援に携わってきました。その経験から，ノートが取れない，あるいは取ったノートが使えない学生が数多くいることに気づきました。はじめのうち，綺麗なノートの手本をいくつか集め，それらを参考にしてノートを書くように指導していました。けれど，ノートを取るのが苦手な学生にとって（私自身がそうなのですが），板書を写すだけならできても，先生の言ったことや仲間の発言など，適時ノートに書き加えていくのは大変です。余白に書き留めろ，自分なりの記号を使え，色を変えて書け，などさまざまなテクニックはわかっていても，実際はなかなか“美しい”ノートになりません。コーネル式に代表されるような，機能的なノートの使い方が上手くできる学生は限られていました。

そうした学生を見ながら，もっと簡単に効果の上がるノートの取り方はないものかと意識するようになりました。そして目に留まったのがマインドマップです。どんなツールでも，向き不向きがあります。マインドマップに合う人と合わない人（あるいは好きな人と嫌いな人）がいるのは確かでしょう。そこで私自身，2008 年の秋にマインドマップの 1 日講座に参加し，その効果を試してみました。そして，私が関わる学生の多くに確かに有効だと確信しました。

小学校からノートの書き方は指導されてきます。そして，その結果，大半の学生が，黒板に書かれたことを写すのがノートを取ることだと考えています。そして彼ら，彼女らの多くは板書されたことは重要であり，それらを試験前に暗記するのが勉強だと信じて高校を卒業します。ところが，大学の講義では大切なことが写しやすいように整理されて板書されるとは限りません。ノートに書かれたことを覚えるのが勉強だと思い込んでいる学生にとって，自分の思うようにノートが取れないことは，その授業に対するモチベーションの低下にもつながるかもしれません。はじめは教員の話しを聞き書きしようと試みるかもしれませんが，途中でわからなくなり，不本意なノートになってしまうことが重なれば，ノートを机上にだすことも面倒になるかもしれません。努力しても成果に結びつかないと自信を失います。私は従来の方法とは明らかに違う，新しいノートの取り方を紹介することで，ノートを取ることに失望している学生の意欲を喚起したいと考えました。

実際にマップをどう使うか，教師から見れば学生の学習支援ツールとして，学生からすれば自身の学生生活全般で使える知的ツールとして本当にさまざまな使い方があります。マインドマップは罫線のない無地のノートに描きます。縦でも横でも，英語でも日本語でも，書きたいように，順番・順序に関係なく，描き広げることができます。色も自由に使います。落書きのような絵を入れても OK です。自分の学びをノートに整理するのが楽しい，という感覚を学生にもってもらえたら素敵だなと思います。

この本は，平成 21 年度文部科学省大学教育推進事業として採択された創価大学の取組「初年次・導入教育を支える学習支援体制整備」の一環として作成したマインドマップ事例集をもとにしています。事例集は非売品としてもっぱら学内研修に使いましたが，その内容は学外の先生方にも役立つものと考えています。そこで事例集作成では中心的な役割を果たされ，事業終了後にもさまざまな使い方を試みている同僚の山﨑めぐみさん，事業推進に際しマインドマップ研修を担当いただいた，ブザン公認インストラクターの上田誠司さんのお二人にお手伝いいただき，事例集に大きく加筆修正を加えて 1 冊の本としました。市販本としてより多くの読者と巡り会い，マインドマップの新しい可能性が広がることを願っています。

2015 年 12 月 18 日
関田一彦

目　次

まえがき　i

第Ⅰ部：授業で使うマインドマップ

Chapter 01　マインドマップとは何か　3

01-01　マインドマップとは　4
01-02　なぜマインドマップを導入するのか　5
01-03　マインドマップの活用　7

Chapter 02　いくつかの使い方：実践のヒント　9

02-01　スケジュール管理　10
02-02　レポートのためのテーマ設定　12
02-03　要　約　14
02-04　レポートの構成　16
02-05　ノートの取り方　18
02-06　予習ノート作り　20
02-07　グループで使うマインドマップ　22

Chapter 03　予習マップを使った授業　25

03-01　予習マップを活用しよう　26
03-02　予習マップを使った授業の効用　28
03-03　いくつかの指導上の補足（Q & A）　30
03-04　予習マップを使った授業の限界　32

第Ⅱ部：マインドマップ実践講座

Chapter 04　マインドマップの基礎 ―― 35

04-01　マインドマップって何だろう？　36
04-02　ミニワークで学ぶ単語の効果　38
04-03　オリジナルの「学び方の手順」（概要）　43
04-04　イメージを連想　45
04-05　短期記憶の限界を超える「見える化」　50
04-06　思考の筆算　53
04-07　ミニマップをかきながら発散のコツを身につける　57
04-08　仕上げの重要性を考える　63
04-09　ミニマップのまとめ　67

Chapter 05　マインドマップの応用 ―― 69

05-01　マインドマップの用語解説　70
05-02　スキル：色を使いこなす　73
05-03　スキル：イメージを使う　75
05-04　スキル：BOI は気楽に　79
05-05　実践ワーク：フル・マインドマップを仕上げる　82
05-06　マインドマップの実践活用のヒント　93
05-07　マインドマップを使い続ける　100

授業で使うマインドマップ

01　マインドマップとは何か

02　いくつかの使い方：実践のヒント

03　予習マップを使った授業

01 マインドマップとは何か

01-01 マインドマップとは

マインドマップを開発したトニー・ブザン（2000）は，マインドマップを脳の可能性を引き出すグラフィックテクニックと定義しました[1]。一般には「思考の見える化ツール」とか「多次元の記憶術」など，その機能や効果によってさまざまに呼ばれています。

私たちの脳は，イメージと連想を用いて思考を展開させていく性質を持っています。私たちがさまざまな方向へ想像や連想を展開させたいとき，順序よく一方向へ直線的にアイディアや情報を記録していく従来型のノートの取り方では無理があります。連想のおもむくままに思考を広げることを可能にするノートの取り方がマインドマップです。脳が想像し，連想していく思考プロセスを外在化・可視化することにより，思考は具体化し，拡散的思考が促進されます。

また，広げたアイディアを関連づけし，収束するという作業もマインドマップ上で行えます。アイディアや情報がどのようにつながっているか，マインドマップでは，1つひとつの単語をブランチにのせていくため，目で確認することができます。今まで自分の頭の中にあったものを可視化することで，物事の関連を俯瞰して見ることができ，新たな発想や解決策をさらに発見しやすくなります。そして，複数の概念を包括するより大きなアイディアに気づきやすくなります。このように関連づけが進むことで，従来ならやみくもに暗記していた（したがって断片化され，順序も怪しくなっていた）情報でも比較的容易に整理でき，記憶に長く残すことができるようになります。

マインドマップには2種類あります。自由に発想を広げるブレインストーミングや，メモ代わりの手軽な記録に適したミニマップ。じっくり楽しく思考を広げ，関連づけや俯瞰を行うのに適したフルマップ。用途に応じて使い分けながら，2種類のマインドマップを使いこなしてほしいものです。

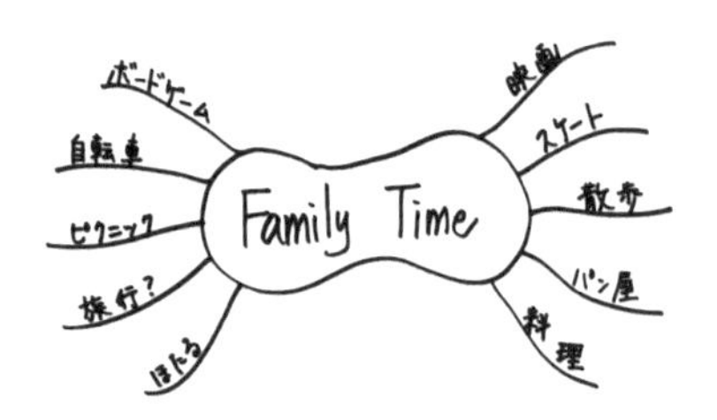

図 1-1　ミニマップの例

1）トニー・ブザン／田中孝顕［訳］（2000）．『人生に奇跡を起こすノート術—マインド・マップ放射思考』きこ書房

01-02 なぜマインドマップを導入するのか

大学も含めおよそ学校というところは，言語的知能や論理・数理的知能が高い生徒や学生に有利な学習環境です。これらの能力の強弱で，大概の成績が決まってしまいます。けれど，「**多重知能理論**」を提唱するハワード・ガードナー（2001）は，このような限られた物差しのみで個人の知能や能力を測ることに疑問を投げかけました。ガードナーによると，人間には言語的知能や論理・数理的知能の外，空間的知能，身体運動感覚的知能，音楽的知能などさまざまな知能が備わっているとされます[2)]。

マインドマップは，学生がこれまで使ってきたノートやメモの取り方とは異なった方法で，学生の情報処理を助けます。つまり，授業で聴いたこと・本で読んだことを言葉によってまとめ（言語的知能が重要です），順序立てて，あるいは論理的に整理・記述していく（論理・数理的知能が重要です）のではなく，単語やイメージ，記号などを頭に浮かんできたままに紙の上に表現するのがマインドマップです（空間的知能や身体運動感覚的知能が活躍します）。思考がさまざまな方向に広がっていく（多様な考えを同時に発想できる能力をもった）学生にとっては，どんどんと発想やアイディアを広げていくことが可能になります。

一方，多様な考えを発想できても，アイディアや情報の整理ができなくて

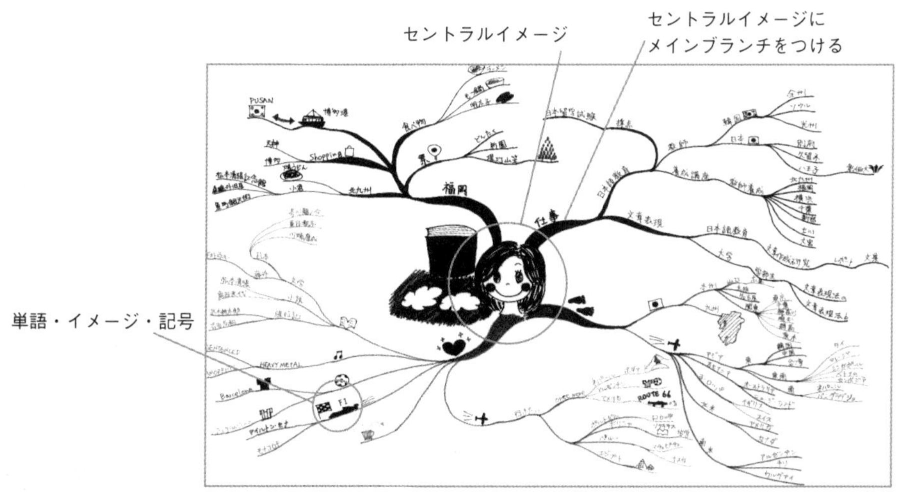

図 1-2　フルマップの例（紙は横向きに使用，中央から作図する）

2）ハワード・ガードナー／松村暢隆［訳］（2001）『MI―個性を生かす多重知能の理論』新曜社

困る学生もいます。そもそも何を問題にしていたのか，課題は何だったのか，忘れてしまうことがあります。マインドマップは，中央にセントラルイメージを描くことによって，考えるべき焦点を常に思い返すことができます（論理・数理的知能が弱い学生には助けになります）。また，発想を広げた後，強調や関連づけをするため，思考の整理や系統化が可能になります。

学生の中には，なかなか発想が広がらない者もいます。言語的／論理・数理的知能は兼ね備えているのですが，アイディアが出てこない場合もあります。常に正解は1つであり，正しいことしか書いてはいけないと，半ば無意識に自分に制約をかけてしまっているのかもしれません。マインドマップは，まず「よい」「悪い」，「可能」「不可能」を気にせず，「空いている所を埋めたい」という脳の働きを利用して発想力・想像力を刺激してくれます。発想やアイディアを膨らませ，自らが兼ね備えている能力を十分に発揮できるようになると，今まで以上に独創的なアイディアも生まれてきます。

マインドマップを使うことで身につく力として，以下のようなものがあげられています。

- 情報整理力
- 記憶力
- 発想力
- コミュニケーション力
- プレゼンテーション力
- 会話力
- 問題解決力

これらの能力は，大学生活だけでなく卒業後にも役立つものです。社会に出ればさまざまな場面で，自分なりの解決方法を提案する機会も多くなってくるでしょう。教科書のような正しい答えがない中で，いろいろな角度から物事を考えることができ，その中から問題解決の方法を見出していく能力は，これからの時代さらに必要とされます。

01-03 マインドマップの活用

誰にとってもマインドマップを活用する機会はあります。大学生にとって有効と思われる活用方法はさまざまです。その中でも，初年次教育の取り組みとして試みたいものを考えてみました。多くの大学で，1年生のうちに大学での勉強の仕方を教える授業が開講されています。そうした科目の中でスタディスキルの1つとして，マインドマップを教えることは検討に値するかもしれません。マインドマップを使って，たとえば以下のような内容を指導できます。

【スケジュール管理】
【レポート作成】
- レポートのテーマ設定
- 要約
- レポートの構成

【ノート作成】
- 授業ノート
- 予習ノート

むろん，これだけに限定されるものではありませんし，同じ用途でも，指導法やアドバイスは授業によって変わるかもしれません。先生方の工夫が求められます。

マインドマップの活用について，参考になる本を2冊紹介します。

内田雅人（2015）.『天才のノート術―連想が連想を呼ぶマインドマップ®〈内山式〉超思考法』講談社　　マインドマップの解説も平易で読みやすいですが，特にグループでマインドマップを使う方法について，わかりやすく紹介されています。

矢嶋美由希（2015）.『実践！ ふだん使いのマインドマップ』CCC メディアハウス　　マインドマップの使い道について，たくさんの事例が紹介されています。授業外での使い方を学生に紹介する際に有益です。

02 いくつかの使い方：実践のヒント

マインドマップになれるには，何度も描いて体感するのが早道でしょう。頭で理屈はわかっても，罫線にそって筆記していた今までの方法とは異なることへの，相当な戸惑いを感じる学生も多いはずです。あまり変化を好まない，そうした学生たちに少しでも前向きになってもらうために，多様な使い道を示し，トライする機会を増やしていくことは有効でしょう。

この章では，学生にとって有益であり，簡単にトライできる７つの使い道を紹介します。その多くは，新入生向けの基礎演習やフレッシュマンセミナー，あるいは文章表現法講座などで取り入れることができるものです。実際，私の大学で用いたときの，指導上のポイントや学生の反応なども書き添えておきます。

02-01 スケジュール管理

①ポイント（ねらい）

マインドマップは，さまざまな行動計画／スケジュール管理のために利用できます。プロジェクト管理や，週間計画など自分の用途に合わせて使えるようにします。

②指導手順

[1]：「何」のためにスケジュールを立てたいのか決定する。
[2]：[1] で決定した「何」を達成するには何をすることが必要か，ミニマップでアイディアを出す。
[3]：ミニマップで出たアイディアを関連するものでまとめる。
[4]：目標としているものをセントラルイメージとして表現する。
[5]：[3] で関連づけし，まとめたものに名前をつけ，メインブランチにのせる。
[6]：フルマップを描く。
[7]：優先順位をつけさせる／実行の順番をつける。
[8]：(必要があれば) 項目間の関連づけを行い，つながりのあるものの間で前後の入れ替えなど，柔軟に対応する余地を確かめる。

③指導上の留意点

[1]：目標を達成するために，具体的な行動計画を考えさせる。
[2]：単語をブランチの上にのせることを徹底させる。これによって，行動計画がより具体化される。
[3]：大きな目標を達成するためには「何」をしなければならないかを，ブランチの上に書くようにする。
[4]：優先順位をつけさせることが重要になる。

④学生の反応

- 卒業後の目標をマインドマップにしたとき，今，授業を通して何ができるのかがわかった。
- 1学期間のスケジュール管理のためのマインドマップを描いてみて，何から手をつければよいかはっきりした。
- マインドマップを描くとき，具体的なことを考えなければならなかったので辛かった。

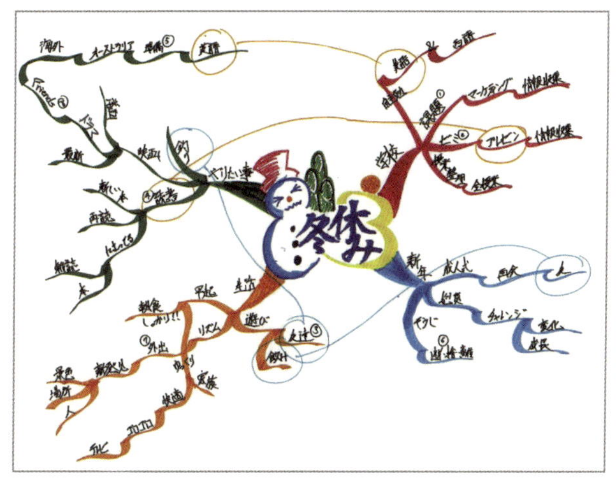

図2-1　スケジュール管理のためのマインドマップ例

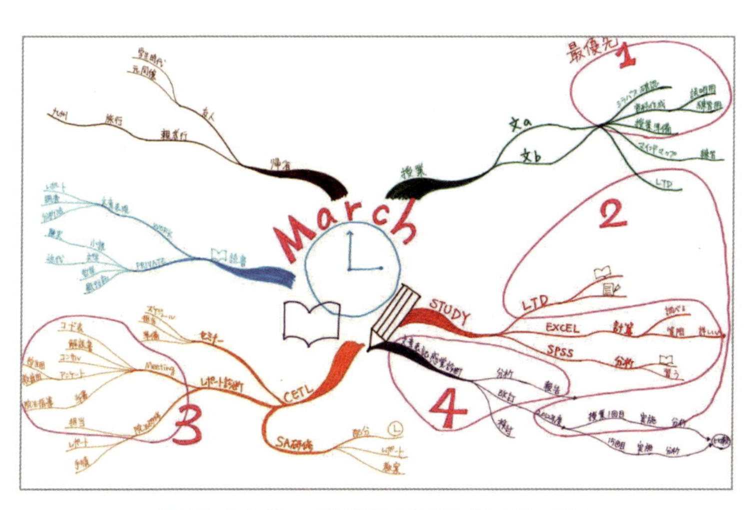

図2-2　スケジュール管理のためのマインドマップ例

02-02 レポートのためのテーマ設定

①ポイント（ねらい）

テーマ設定は，レポートを書く上で重要なポイントです。漠然としたアイディアから発想を広げ，その中からより具体的なテーマを決定します。まずは，よい・悪いは別にしてどんどんアイディアを出させたい。そんなとき，従来のブレインストーミングの代わりにミニマップが使えます。

②指導手順

[1]：「何について」書きたいかを決定させる。
[2]：[1] で決定したものをミニマップの中央に書き入れる。
[3]：ミニマップで発想を広げる。
[4]：[3] で書いたミニマップの中から深く調べてみたいことを１つ選ぶ。
[5]：新たなミニマップを描く。ミニマップの中央に [4] で選択したものを書き入れ，さらに具体的に深く調べたい関連トピックを広げる。
[6]：ペアまたは３人１組を作り，[5] のミニマップを共有する。
[7]：聞き手は，不明な点や関心を持った点を質問する。
[8]：仲間からのフィードバックも参考にして，最終的なテーマ設定を行う。

③指導上の留意点

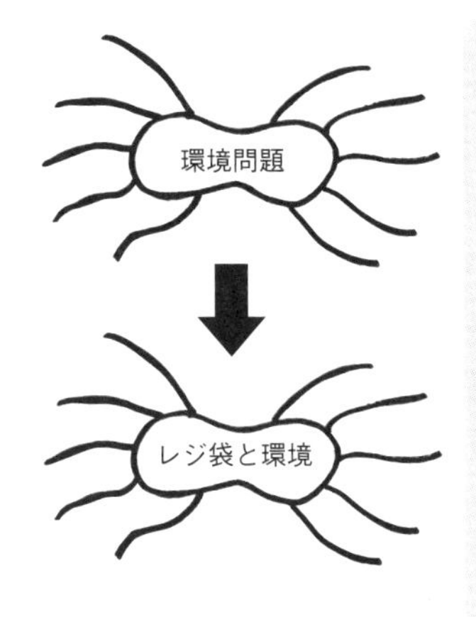

図 2-3　指導手順の例

[1]：第３ステップでは，とりあえずアイディアを出し続ける。
[2]：第４ステップでは，先行研究があるかを考えながら選ぶ。
[3]：第５ステップでは第２ステップと同様，とりあえずアイディアを出し続ける。
[4]：第５・６ステップの活動を通し，アイディアを文章で説明するように指示する。ミニマップに書かれている単語を読み上げるだけでは十分でない。
[5]：すべて（10 本）の枝が埋まってしまったら，さらに数本枝を書き足す。書き足してから，さらにアイディアを出すよう指示する。

④学生の反応

- 10 個もアイディアを出すのが難しかった。
- とりあえず，アイディアを出し続けることによって，書けそうなテーマがみつかった。
- 今まで適切だと思っていたテーマ設定が，具体的でなかったり，課題にそっていなかったことを発見した。
- 他の学生にマップに書いたことを話すことによって，自分が調べようとしていることがはっきりした。

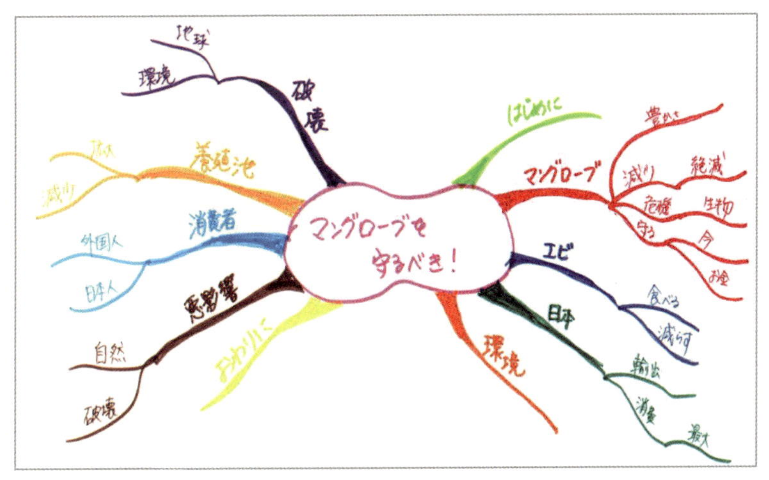

図 2-4　レポートのテーマ設定のためのマインドマップ例

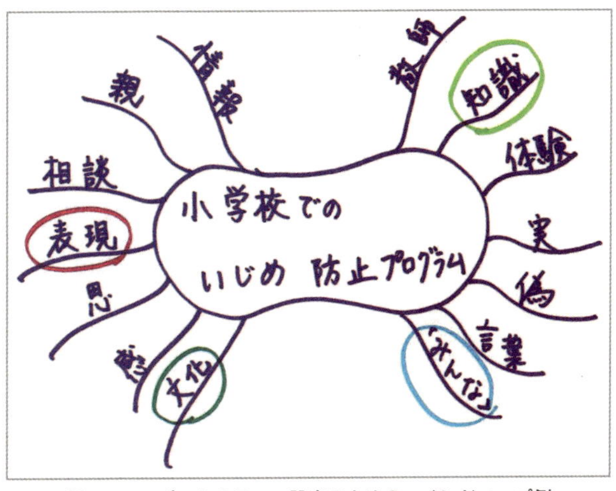

図 2-5　レポートのテーマ設定のためのマインドマップ例

02-03 要　約

①ポイント（ねらい）

元の文章を要約するとなると，どうしても原文に引きずられてしまったり，部分的に引き写してしまったりしがちです。元の文章から要点をピックアップし，マインドマップで要約を行うことで，自分の言葉で要約ができます。

②指導手順

[1]：要約させたい文章（文献）を読ませる。
[2]：この文章にタイトルをつけてみる。このタイトルをセントラルイメージにする。
[3]：トピックごとにブランチを作り，キーワードをピックアップ。
[4]：マインドマップ作成。
[5]：元の文章は見ずに，マインドマップだけを見ながら要約をさせる。

③指導上の留意点

[1]：第2ステップでは，セントラルイメージの作り方を知ってもらう。
[2]：第3ステップでは，とりあえずトピックごとでブランチを作らせてみるが，うまくできない場合は，段落ごとにブランチを作らせるなどの対応をする。
[3]：第4ステップでは，自由にブランチを広げさせる。
[4]：第5ステップでは，マインドマップだけで不安を感じても，元の文章はあえて見ないことを指示する。

④学生の反応

- 最初はこのような方法で本当に書けるのかと思ったが，非常にまとめやすかった。
- マインドマップを作成する時点でしっかりと元の文章を読んでいるため，マインドマップを見るだけで，自分で内容を要約することができ自分でも驚いた。

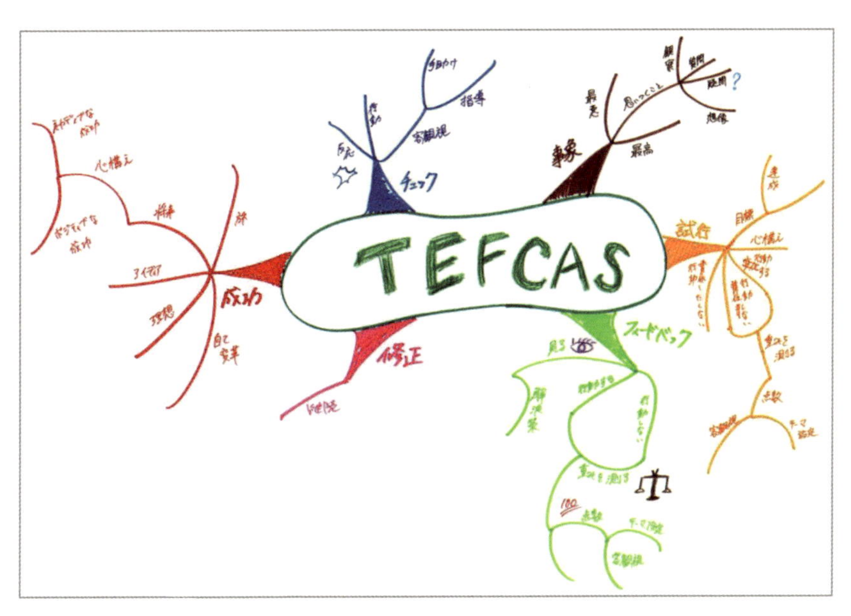

図 2-6　要約のためのマインドマップ例

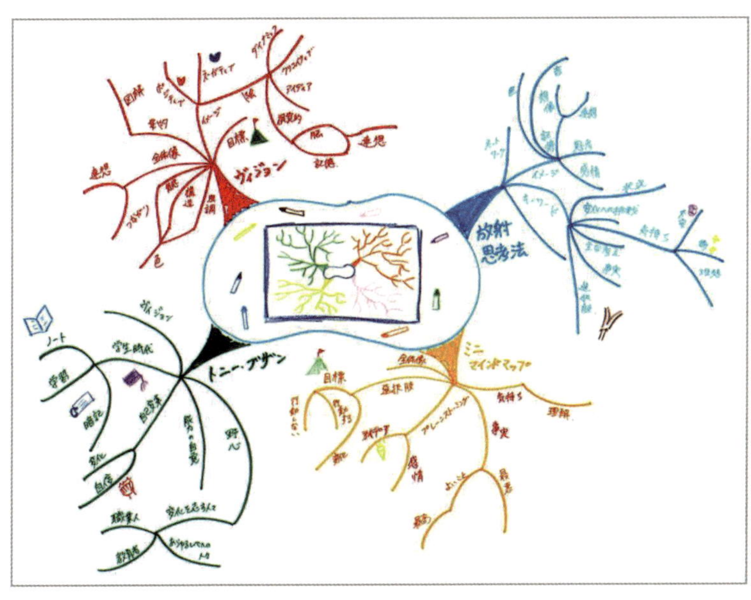

図 2-7　要約のためのマインドマップ例

02-04 レポートの構成

①ポイント（ねらい）

論理的で客観性のあるレポートを書くためには，守らなければならないレポートの構成があります。大学で書くレポートは「序論・本論・結論」の3部構成です。

②指導手順

[1]：レポートの3部構成を学ぶ。
[2]：「序論」をセントラルイメージとし，「問題の背景・現状」「問題提起」のブランチを作らせ，記入させる。
[3]：「本論」をセントラルイメージとし，パラグラフごとにブランチを作成する
[4]：「結論」をセントラルイメージとし，本論で述べたことをまとめる
[5]：ペアまたはグループでマインドマップを見ながらお互いに説明する。

③指導上の留意点

[1]：レポートの3部構成をしっかり理解させる。
[2]：「序論・本論・結論」のマインドマップをしっかり完成させる。
[3]：ペアで，レポートの構成を意識させながら発表させる。

④学生の反応

●大学のレポートは3部構成であるということ自体は聞いたことがあったが，具体的にそれぞれの場所で何を書けばよいのかよくわからなかったので，マインドマップを利用してレポートの構成を学べたことはとてもおもしろくて参考になった。

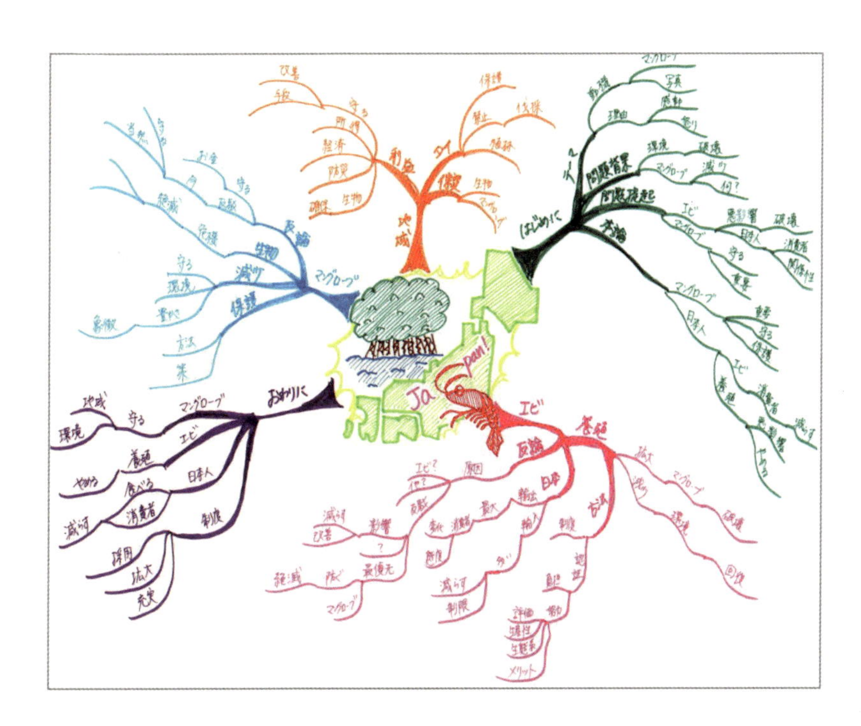

図 2-8　レポートの構成のためのマインドマップ例

02-05 ノートの取り方

①ポイント（ねらい）

「授業中にノートを取ってはいるけれど，後で見直しをしてみると何が書いてあるかわからない」「先生の話が前に戻ったりするので，ノートを取りにくい」――このような経験がある人に，マインドマップを使ったノート作りがお勧めです。

②指導手順

[1]：その日の授業のトピックをセントラルイメージとして書く。
[2]：話題が変わるごとに，新しいブランチを伸ばす。
[3]：話題に沿って，説明・具体例などを示している時はサブブランチを伸ばしていく。
[4]：授業後ノートを読み返し，関連付けを行う。
[5]：必要であれば，マインドマップを描きなおす。
[6]：マインドマップを見ながら，その日の授業を１段落程度でまとめる。

③指導上の留意点

[1]：ブランチには単語やイメージをのせることを徹底する。
[2]：[1] の留意点に関連して，文章は絶対にブランチにのせない。
[3]：授業後のノートの読み返しを徹底する。
[4]：その日の授業を１段落程度でまとめることの有効性を学生に伝える。

④学生の反応

- わからない内容の話でも，単語をのせていくことでノートを取ることができた。
- ノートの読み返しをしたとき，思った以上に内容を自分の言葉で表現できて驚いた。
- 1段落でまとめると，要点を覚えることができた。

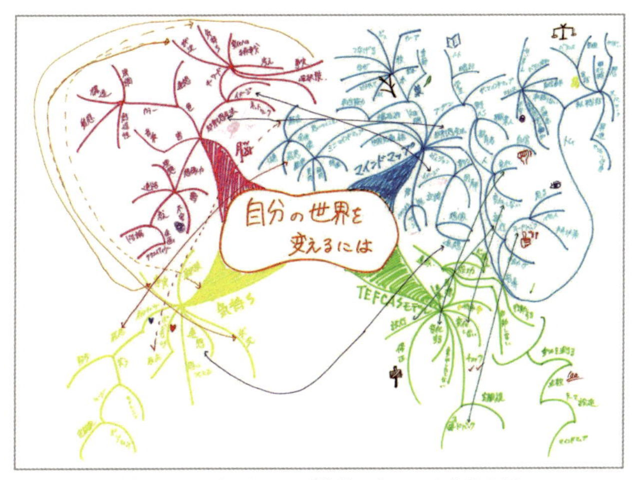

図 2-9　マインドマップを使ったノート作りの例

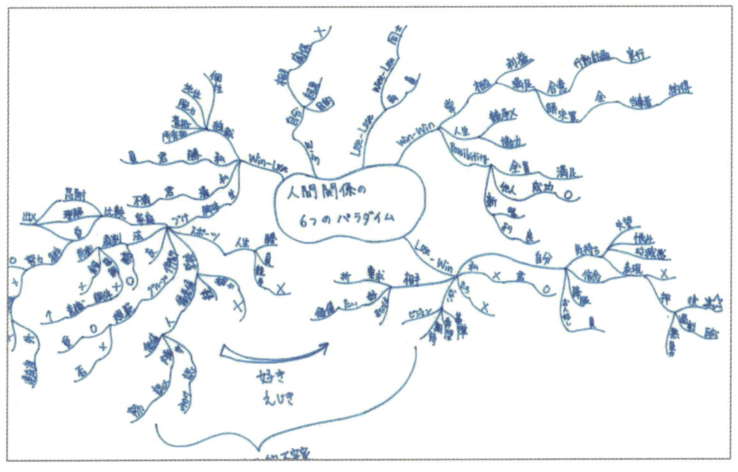

図 2-10　マインドマップを使ったノート作りの例

02-06 予習ノート作り

①ポイント（ねらい）

課題文献をただ読む，下線を引くだけでなく，マインドマップでノートを作ることにより，理解を深めます。さらに，ディスカッションやレポート作成の準備（予習）になります。

②指導手順

[1]：課題文献を配布，またはレポートに使う文献を選ばせる。
[2]：文献を一読する。
[3]：セントラルイメージを描く。
[4]：キーワードをブランチにのせる。
[5]：関連づけをする。
[6]：メインブランチのキーワード毎に，1段落程度にまとめる。

③指導上の留意点

[1]：キーワードをのせることを徹底させる。
[2]：メインブランチごとに色を使い分ける。

④学生の反応

- わからなかった文献も，最低2回読み，キーワードを使ってマインドマップに描くことによって理解できた。
- 今まで，なんとなく読んでいた課題だったが，マインドマップに描かなくてはいけなかったので，キーワードを探し，どこにつながっていのか考えた。

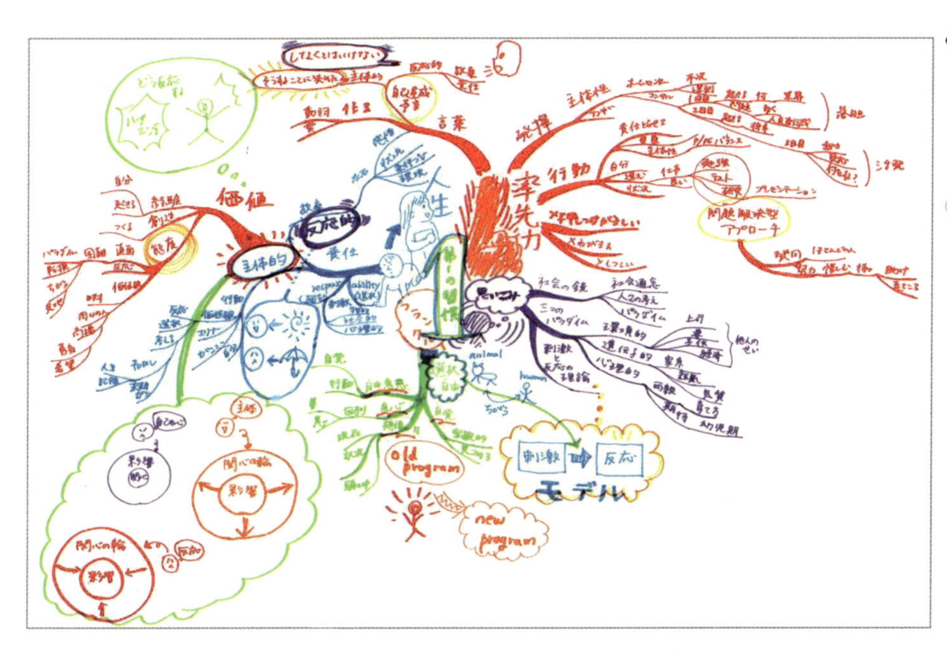

図 2-11　予習ノート作りのためのマインドマップ例

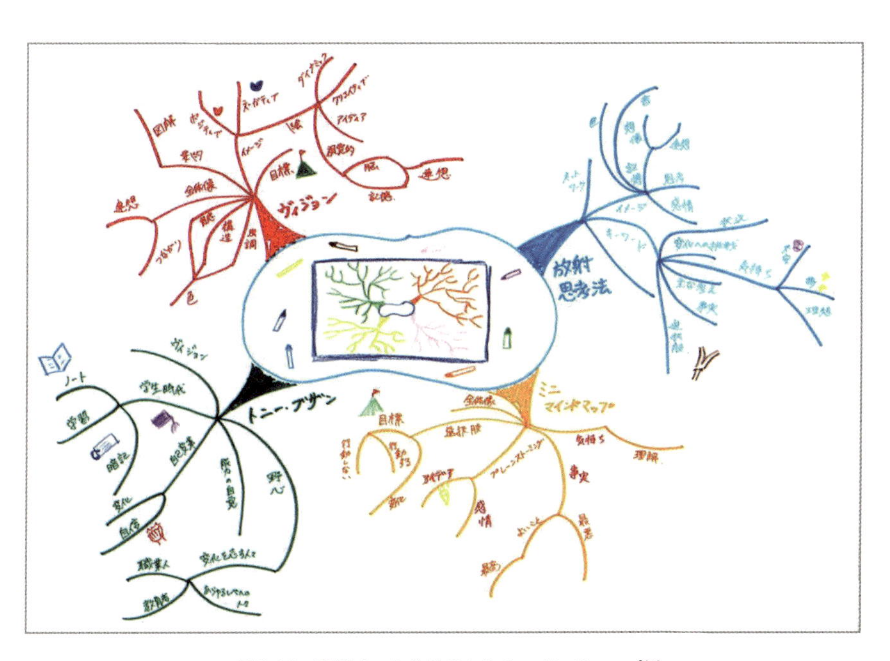

図 2-12　予習ノート作りのためのマインドマップ例

02-07 グループで使うマインドマップ

①ポイント（ねらい）

学生がグループ活動を通して学習する機会は増えています。グループで作り上げるマインドマップは，一人ひとりが考えていることを見える化した上で，メンバーの意見をまとめていく方法です。「共通で見ることができる道具」がない状況でディスカッションやミーティングを行うと，私たちはメンバーの発言内容を「わかった気」になってしまいがちです。個人的にノートを取っていたとしても，それは自分自身の理解・解釈です。また，個人的なノートなのでその理解・解釈が正しいか否かを本人に確認することもありません。そこで，グループとしてのマインドマップに描き出しながらディスカッションやミーティングを進行していくことによって，理解できないことや疑問に思ったことを意識して聞くようになります。このような過程を経てグループとしてまとめていくと，メンバー間での課題や取り組むべきことに対する共通理解が構築されていきます。

②指導手順

[1]：グループ課題について個人でミニマップを使ってアイディア出しをする（5分）。

[2]：グループで1つのマインドマップを作る（15分）：ファシリテーターがホワイトボード（模造紙）にグループメンバーの意見をマインドマップで描いていく。

[3]：アイディアが出きったところで，関係性を考える（10分）。個々の意見につながりがないか，グループメンバー全員で考えていく。この過程で，なぜ○○と△△がつながると考えるのか説明しながら行う。

[4]：関係性が出きったら，グループとして重要だと思うものを選び，優先順位をつける（10分）。

[5]：新しいマインドマップとしてまとめ直す（構造化する）（10分）。

[6]：気づきを共有する（10分）。

③指導上の留意点

[1]：第2ステップでファシリテーターの役を担う人は，各メンバーからの意見を否定することなく，どこからブランチが伸びるのかを確認しながらマインドマップを作成する。
[2]：第3ステップの関連付けでは，「類似」「対立」「原因」「結果」など関係性の捉え方をファシリテーターがヒントを与えながら行っても良い。また，発言が止まってしまったら，これまで出てきた意見を復習したり，「自由に出していいですよ」など声がけをしていく。基本的にグループメンバーをせかさないで待つ。
[3]：第4ステップで優先順位付けが進まない場合は，2つずつ比較するなどいっぺんにやろうとしない。また，優先順位の理由や視点を確認する。
[4]：第5ステップで合意できない場合は，出てきていない判断要因を改めて，グループメンバーに聞き，書き出す。
[5]：大切なのは，「感情」の部分で合意することが大切。グループとして共有するゴールに対して，オーナーシップが生まれる。このゴールに向かって具体的にどのような行動を取っていくかは，個人が後で整理することが可能。

④学生の反応

- グループの中で，どのようなことを共通で考えていて，どのようなことは個人的にユニークなものなのか目で見て確かめることができた。
- 他のメンバーが出したアイディアを見て（聞いて），自分の考えも広がった。
- 全く違った考えを持っていると思っていたが，実は関係性があるのだと理由を聞いて解った。
- みんなの意見を実際に見える形にすることで，記憶に頼ったり，「こういうことだろう」と想像でディスカッションを進めなかった分，みんなが何をどのように考えているのかがわかった。

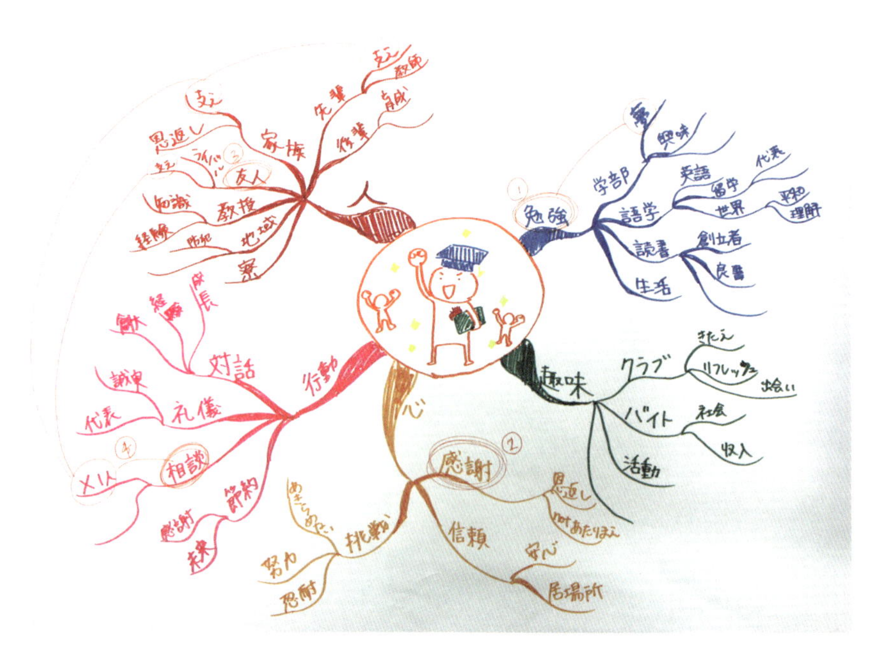

図 2-13　グループで使うマインドマップ例①

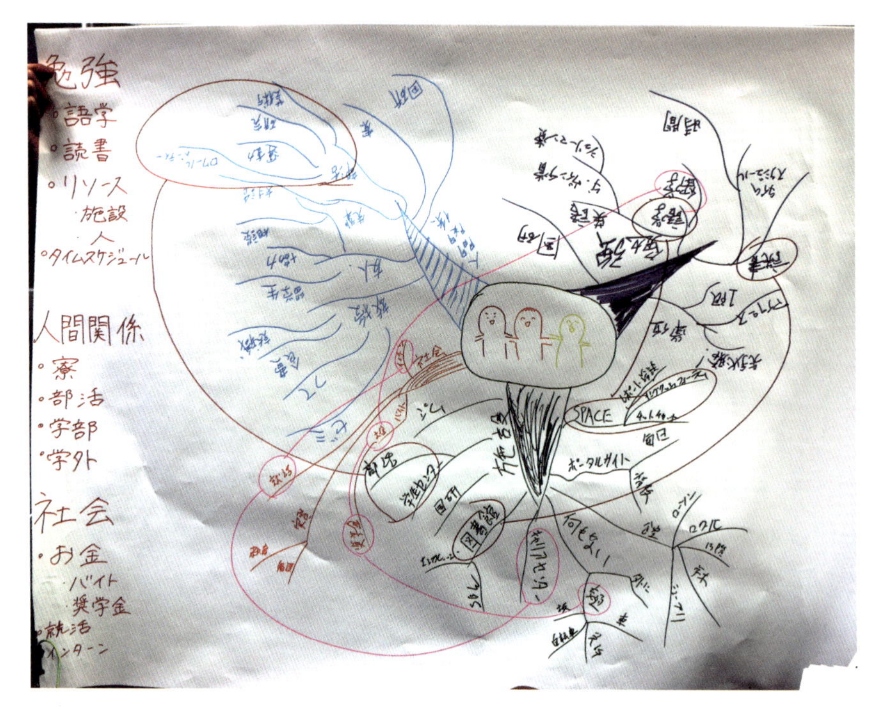

図 2-14　グループで使うマインドマップ例②

03 予習マップを使った授業

前章では，思考ツールとしてのマップの使い道をいくつか紹介しました。この章では，マインドマップを授業に取り入れたい教員の方に向けて，マップを用いた学習活動を授業の柱にした事例を紹介し，マップの可能性を示してみることにします。基本的に本章は大学教員に向けて書いたものですが，学生の読者のみなさんも読んでみて，ここで紹介する「予習マップ」が使えそうだと思ったらぜひ友だちと試してみてください。

03-01 予習マップを活用しよう

①今時の大学教員に期待されていること

「日本の学生は勉強しない。授業外学修時間を増やせ。授業では学生を能動的に学ばせろ」――国（中央教育審議会・文部科学省）からこうした要求が突きつけられています。「大学をあげてそうした要求に応えようとするところには補助金を出そう。そうした努力を怠る大学は冷遇するぞ」――そうして国は飴と鞭を使って大学を追い立てているのです。

教員は，仕方なしに課題を増やし，テストを増やし，勉強時間の嵩上げを図っています。課題やテストを増やすだけなら簡単な話ですが，その分，採点や評価の手間が増え，教員の授業外作業時間が急増しているのが現状です。

一方で大学によっては，「研究活動も手を抜くな。科研費申請は教員の義務だ」あるいは，「グローバル化に備え，授業は英語で行え。必要なら英語の研修に参加しろ」と教員にプレッシャーをかけています。あるいはまた，「学生確保のために高校を回ってこい。オープンキャンパスや出前授業で講義しろ。入試の回数を増やすから，もっと試験監督をやれ」といった声も大きく，こうして大学教員の貴重な休みが消えていくのです。

多忙さを増す大学において，教員の授業外作業時間をあまり増やさずに，今より学生の学習時間を増やす工夫はないものか，誰でも考えることでしょう。そしてさまざまな工夫が生まれます。そんな工夫の１つとしてグループを基盤にした予習マップの活用があります。

②予習マップはなぜ必要か

学生の授業外学修時間を増やし，能動的な学習を促すポイントの１つは，きちんと予習させて授業に臨ませることです。ただ残念ながら，予習して授業に臨むように指導して，翌週からきちんと予習して参加してくる学生ばかりではないのが実際でしょう。

今，注目されている**反転授業**は予習前提の授業の究極ともいえます。しかし，反転授業に向く科目もあれば，そうでない科目もあります。また，反転授業を可能にするICT（information and communication technology）環境が整っていない大学も少なくはありません。

私のこれまでの経験では，「予習をして来い」と指示するだけでは，「予習範囲を一回読みました」ですませる学生が大半です。少し気の利いた学生になると，要点をまとめたり，不明な言葉を調べたりしてきますが，それは少数派です。予習範囲に関して小テストを毎回課す先生もいますが，問題の傾向がわかると，その対策だけしてくる学生が現れます。それ以上に，作題と採点の手間はばかになりません。次善策としてノート（あるいはワークシート）を集めて，予習の状態を点検する先生もおられるのですが，回収や返却はTAやSAが配当されていないとたいへんです。

教科書の指定された予習範囲をマインドマップに書いたものを予習マップといいます。これを毎回提出させることで，学生の授業外学修時間は1時間以上増えるでしょう。むろん，ここまでなら予習ノートの提出と大差ないかもしれません。それでも，ノートに要点を整理させるより，マップにまとめさせる方が認知的負荷は高くなるので，頭に残りやすいと感じる学生は多いはずです。

②予習マップ活用例

本章で紹介したいのは予習マップを使った，学生同士の予習理解度点検活動です。予習の分量や点検活動の長さは任意ですが，私が現在行っている取り組みを例として示します。

[1]：ほぼ毎回，教科書1章分（15ページ前後）を予習範囲として，A3あるいはB4の白紙にフルマップを書かせる。

[2]：授業中，学生は4～6名のグループ単位で着席しており，隣同士のペアワークが容易な状態にある。

[3]：学生はペアになり，自分の予習マップを相方に示しながら，一人4分半の持ち時間（2人で9分）で予習範囲の内容を解説しあう。人数の関係で3人組ができてしまう場合は，一人あたり3分で解説を行うように指示する。

[4]：教員はタイマーで時間を表示しながらクラスを巡回し，交代のタイミングで合図を出す。

[5]：相互解説の後に，相互評価（良かった点/参考になった点を1つ，もっと良くなるためのアドバイスを1つ伝える）を2分ほどで行う。

[6]：相互評価が終了したら，あらかじめグループに1枚配布している封筒に予習マップを入れさせ，授業終了時に提出させる。提出される封筒の数はグループと同数であり，100名以内なら20グループ以下になり，教員一人でも対応可能と思われる。

03-02 予習マップを使った授業の効用

①重層的な学修

この授業では，学生は教員が講義をする前に，まず教科書をきちんと読まなければなりません。マップをまともに描くためには，2回以上読む必要があります。次に，読んで理解した内容をマップに描くことで可視化しなければなりません。キーワードを連想していく作業は，学生自身の関連づけ，あるいは構造化を促進します。さらに，予習内容をグループの仲間に教えなければなりません。相手にわかるように説明できてはじめて，予習内容を理解したことになります。説明することで，自らの理解状況を直視することになるのです。いいかげんな予習では，すぐに言葉に詰まってしまい，わずか4分間でも使い切れません。そして最後に，相方が予習範囲を説明するのを聞かねばなりません。自らの理解や説明の仕方との違いを感じつつ，同じ予習範囲の解説を聞くのです。教科書の1章分をわずか4分少々ですべてカバーすることはできませんが，学生同士，重要と思う個所については，読んで，書いて，話して，聞くという四重の学習が行われるはずです。この重層的な学修が期待できるのが効用の1つ目です。

②多様な意見が生まれることを体験的に理解する

学生同士で解説し合うと，互いの説明の違いに気づき，驚くことになります。同じ予習範囲を読んでいるにも関わらず，マップ上の連想は異なり，説明の仕方やウェイトのかけ方は多様です。同じものを見たり聞いたりしても，人によって捉え方は異なり，多様な意見が生まれるということを体験的に理解する。これが2つ目の効用です。

③相互評価活動による学生の汎用的能力の向上

相互に解説し終えたら，相手の説明から学んだことを述べて，更によくなるためのアドバイスをせねばなりません。相手の学びを承認し，価値を見出し，さらに相手の向上／成長を促すという，極めて高度な人間関係スキルを磨くことになります。チームで働く力が求められる時代にあって，この相互評価活動は学生の汎用的能力向上に有効でしょう。これが3つ目の効用です。

④コミットメントの向上

2つ目，3つ目の効用と相まって，グループの人間関係が向上し，グループの凝集性やメンバー間の親和性が増します。これによって，学生は予習マップの相互解説という作業へのコミットメントを強めていくのです。親しい仲間の前に，不出来な自分を晒すのをよしとする学生は少ないはずです。これが4つ目の効用です。もちろん，意図的に手抜きやさぼりを繰り返す学生が皆無とはいかないでしょうが，それも学生が主体的に選択した行動と考えれば，腹も立ちません。

⑤予習を前提とした授業

そして，少なくとももう1つ，大きな効用があります。クラス全体が，それなりにきちんと予習していることを前提に授業ができるのです。教科書の解説に汲々とする必要もなく，教科書外の関連事項を語り，教科書の内容との関連を考えさせることも容易です。教科書の内容をさらに深めた専門性の高い話をしても，反応が返ってきます。教科書の内容理解を前提として応用問題に取り組ませてもよいでしょう。教員にとって，教えることが楽しくなる瞬間が訪れてくる回数がずっと増えるのです。

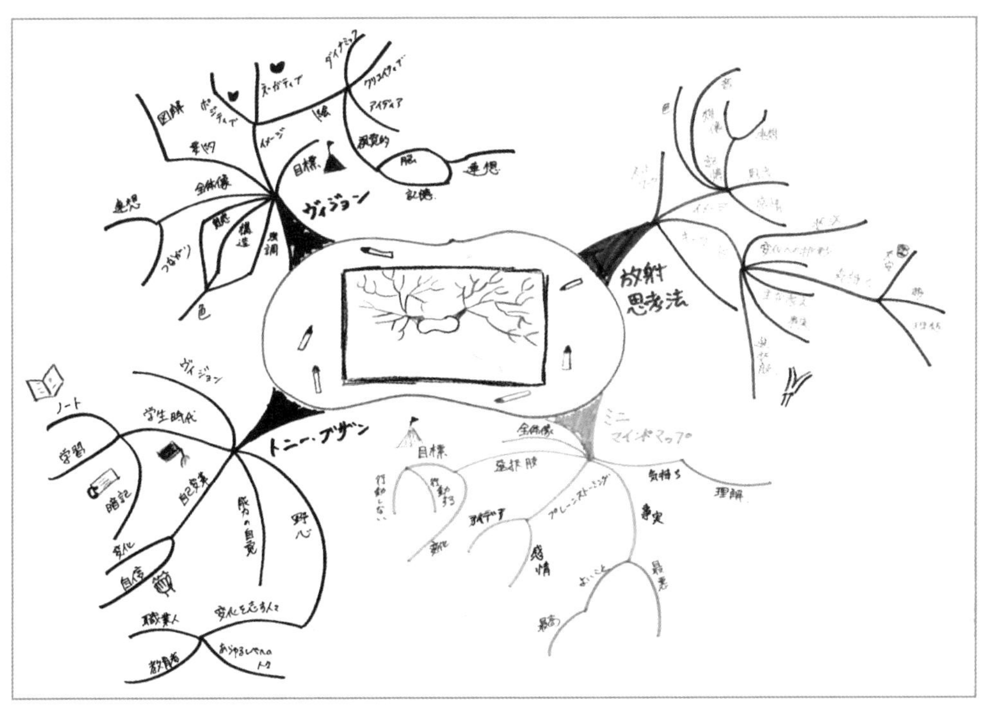

図3-1　予習ノート作りのためのマインドマップ例

03-03 いくつかの指導上の補足（Q & A）

Q1：予習マップの評価はどうするのか

A1：必ず問われる問いである。私の場合，1枚につき3点満点で評定することが多い。指定範囲を指示通りにマップに書き，それを使って相互解説できたら満点である。軽微な指示違反は1点減点，重大な違反は2点減点。遅刻などで相互解説に使用できなかったマップは1点減点としている。

Q2：何人くらいまで対応できるのか

A2：これは人によって異なるだろうが，私は7～80名までのクラスなら，さほど問題を感じない。マップはグループごとに封筒に入れて回収し，返却もグループ単位で行うので，その手間はわずかである。採点といっても，マップは読んでもわからないから，マインドマップの基本ルールが守られているか，指定範囲を扱っているか，この2点だけを点検している。なので，評点を出席確認と合わせて出席簿に転記しても7～80名のクラスなら，少し丁寧にやっても30分はかからない。

Q3：マインドマップをどう教えるか

A3：マップを課題にする以上，最低限の手ほどきは必要であろう。私の場合，学期最初か2回目の授業の中で，15～30分程度かけて教えている。教えるといっても，私の場合，先輩の具体例を示しながらマップの効用を話し，6分程度のデモ映像を見せ，書き方のポイントをまとめたプリントを配布するだけである[1)]。むろん，時間があればミニマップを黒板で演示し，学生に練習させることもある。詳しくは次章のマインドマップ紙上ワークショップを参考にしてほしい。

1）私は『マインドマップが本当に使いこなせる本』（遠竹智寿子・月刊アスキー編集部，2008年，アスキー・メディアワークス発行）の付録についているビデオクリップを使って，描き方の手順を示している。また，この本にある「“やりがちミス”徹底対策講座」から必要な部分をコピーし，出典明示の上で学生に資料として配付している。

なお，幸いなことに私の勤める大学には，学習支援センターがあり，そこではマインドマップの講習会が定期的に開かれている。なので，書き方のわからない学生には，課外での講習会や学習相談サービスを利用するように指示している。

Q4：グループ内／グループ間交流

A4：相互解説／相互評価は 2 人組が原則である。ときに活動が 2 回，3 回となると馴れ合いが生じ，手抜きや課題外の私語が増える。そこで，グループ内で毎回，違う相手と組むようにさせる。これでグループ内のメンバー交流が活性化し，互いに描き方や説明の仕方の工夫を学び合える。それでも 2 巡目を過ぎるとペアが固定化したり，活動のマンネリ化が露見しはじめる。そこで適時,「交流戦」と名付けたグループ間交流を仕組む。2 つ（サイズによっては 3 つ）のグループを合体させ，その中で新しいペアを組ませるのである。これにより，他のグループで開発・蓄積された描き方のコツや説明の仕方が共有され，新鮮な刺激となり，活動が活性化する。

Q5：他のコンセプトマップへの配慮

A5：マインドマップを使うことを宣言すると，自分は別のコンセプトマップやグラフィック・オーガナイザーを使っているので，そちらでもよいか，と質問に来る学生がいる。この要望にどう答えるかは教員次第である。私の場合，「それぞれのマップ手法には特徴や良さがあるが，今回はマインドマップを使ってみて欲しい。他の授業では，自分が気に入っている方法を使ってもらって結構だが，この授業ではマインドマップを使って予習ノートを作ることが課題だから，挑戦してほしい」，という調子で，学生の要望は受け容れない。また，最近は PC 上でマインドマップや類似のマップが描けるソフトが普及しており，そちらを使いたい，という要望も出てくる。これに対しては，今のところ，「まず何回か，手書きで描いてみてほしい。手書きでもきちんとできることを私が確かめたら，その後は PC で作成したものを印刷して使用してもよいでしょう」と答えている。

03-04 予習マップを使った授業の限界

ここで紹介したのは予習マップを使ったグループ学習です。そのため，ペアワークができない（参加しようとしない）学生が大半をしめる状況では，ここで提案した方法は難しいでしょう。

そんな場合は，予習マップ以前の問題として，グループ学習ができるように学生を指導しておく必要があります。今般，アクティブラーニング導入のプレッシャーが高まるなか，アクティブラーニングの基本であるグループ活動ができないクラスは深刻ではないでしょうか。授業外学修時間を云々する状態ではありません。そのあたりの対策については他書にゆずることとしますが，2冊だけ紹介しておきます。

ジョンソン, D. W.・ジョンソン, K. A.・スミス, R. T.（2001).『学生参加型の大学授業―協同学習への実践ガイド』玉川大学出版部　アクティブラーニングの基盤であるグループ学習を効果的に行う上で有効な，協同学習の理論と方法が述べられています。

バークレイ, E. F.・クロス, K. P.・メジャー, C. H.（2009).『協同学習の技法―大学教育の手引き』ナカニシヤ出版　協同学習を大学の授業で行う際に使える，さまざまな技法やツールが紹介されています。

マインドマップ実践講座

04　マインドマップの基礎

05　マインドマップの応用

04 マインドマップの基礎

大学生の皆さんにとっても新しい挑戦となるマインドマップ――使い方はわかったけれど，一体どう書けばよいのか。大学教職員の皆様から見ると，一体どう伝えて使ってもらえばよいのか。この２つの疑問に答えるのが，第４章と第５章です。実際に大学の先生向けに行ったマインドマップ実践講座の音源を元に，再構成した実践講座です。

第４章では，マインドマップをまったく知らない人向けに，体感ワークを交えながら，マインドマップの定義や位置づけ，必要性等と共に，基本ルールを学んでいただきます。その後で，マインドマップの基本型ともいえるミニマップの書き方を説明していきます。ワーク満載なので，１つひとつ実際に体感をしながら学んでいただけるとよいと思います。

04-01 マインドマップって何だろう？

①マインドマップ＝見える化ツール

今日は，皆さんにマインドマップという思考の見える化ツールをご紹介していきます。ThinkBuzan 公認マインドマップインストラクターの上田誠司と申します。今日は，1 日よろしくお願いします。

マインドマップは，トニー・ブザンさんというイギリスの方が，40 年ほど前に考案した，思考を紙の上に引きだし（見える化）まとめ上げる（整理）ための思考ツールです。

40 年の間にさまざまな進歩を続けて今の形になっていますが，使い始めていただくと，とても効果的だということをご理解いただけると思います。

今回は，なるべくわかりやすく，どう「かく」[1] か，どう使うかに焦点を当てて，お話ししていきたいと思います。「実践講座」なので，いろんなところにワークが出てきます。ワークの体感がとても重要な構成になっていますので，ちょっと面倒かもしれませんが，1 つひとつワークを行いながら，読んでいっていただけるとうれしいです。

さて，今日お伝えする見える化ツール「マインドマップ」。その定義は，とても簡単――**マインドマップは思考の地図です**（図 4-1）。英語でマインドといえば，思考や感情などの頭の中で起こっていることすべてを指しますが，このマインドの流れや，位置関係を見える化してくれるモノです。

マインドマップとは？

マインドマップは、**「思考の地図」**

マインド（思考や感情など精神活動すべて）の流れや位置関係を見える化する

図 4-1　マインドマップの定義

図 4-2　マインドマップの 4 つの使い方

1）本書第二部では，書く，描くという漢字表現の代わりに，「かく」というひらがなでの表記を用います。マインドマップには，線，文字，イメージなどの複数のかく要素を含むためです。

②脳は「バイオスーパーコンピューター」だ

トニー・ブザンさんは，脳や学び方について実に100冊以上の書籍を書いている学習・記憶のプロですが，その中でも脳がもつ潜在的な，また顕在的な力については，全幅の信頼を置いて学びを全世界で伝えている方です。「人間の脳は，スーパーコンピューターを越える／バイオスーパーコンピューターだ」と捉えているのです。皆さんはいかがですか。

だからこそ，うまく使いこなせば，ものすごい潜在能力をもっているのが私たちの脳だという考えがベースになっています。

ちなみにアメリカのサイエンティフィックアメリカンという雑誌では，ノースウエスタン大学のポール・ウエバー教授のコメントとして，脳の容量は約2.5ペタバイト（1ペタバイトは100万ギガバイト）あって，テレビ番組300年分を記録するくらいの容量があるとしています。使い切ることはなさそうです。

③どう管理するか？ それが問題だ

「でも，そんな実感が湧かないんだよね」。多くの方が，そうおっしゃいます。「すぐ忘れるし，新しいアイディアは出てこないし，考えていることを整理するのは苦手。そもそも勉強は嫌いだ」――そんな声が聞こえてきそうです。トニー・ブザンさんの答えはとてもシンプル。「問題は，脳ではない。どうマネージメントをするかポイントだ」。脳のマネージメントをしっかり行い，その力を解き放ってくれるツールが「マインドマップ」なのです。

簡単に1日で覚えられて，使い始めたら一生手放せなくなる。そんな思考の見える化／整理ツールがあるとしたら。使ってみたいと思いませんか？

今日は，いろいろなワーク（演習）をとりまぜて，実践的に体感していただきながら，マインドマップを使えるようになっていただきたいと思います。

④マインドマップの幅広い使い道

マインドマップの使い方はとても多岐にわたります。

脳が使われているすべての人間の活動に活用ができます。とはいっても，わかりづらいので，ここでは4つの使い方でざっくりと示しておきますね。「コミュニケーション」「記憶・学習」「アイディア発想」「整理・共有」の4つです（図4-2）。

このなかでどの使い道で使ってみたいですか？　ちょっと考えてみましょう。社会人もそして学生の皆さんもぜひ活用して，自分の力を引き出していきましょう。

04-02 ミニワークで学ぶ単語の効果

①マインドマップに必要なものは3つ

今回の「実践講座」では，ぜひ一緒にワークをやっていただきたいと思います。体感をいただきながら，その内容を後から補足説明するスタイルのセミナーになります。体感が鍵となりますので，ぜひ一緒にやってみてください。

マインドマップを作る上で，必要なものが3つあります。

まず，白紙の紙です。今回の実践講座では，39頁のコピー3枚（A4サイズに拡大したもの）と，A4のコピー用紙をたくさん，最後にA3のコピー用紙1枚を準備してください（A3の紙が手元にない方は，お近くのコンビニのコピーサービスで，原稿を入れずに，コピーボタンを押してください。簡単に白紙のA3用紙が入手できます）。

2つめは，カラーペンです。三色ボールペンでも，場合によっては，1色でもできますが，ぜひ10色くらいあるカラーペンを使うことをお勧めします。可能な限りかきやすいペンがあるといいですね。

最後に3つめに必要なことは，皆さん自身の脳と創造性です。

実際に準備しないといけないのは，カラーペンくらい。ぜひ気軽に始めてみてくださいね。

②考えていることを紙の上に引き出す「未来のワーク」

【単語でかくことがすべての基本】
単語でかき出すことがとても大事なのですが，その感覚を理解いただくために，「未来のワーク」からスタートします。

今，皆さんの目の前に，ちょっと変な形をした図の描いてある紙を準備しました。ミニマップテンプレートといいます（39頁図4-3を150%の拡大コピーして，A4サイズで準備してください。本書のなかで，3枚使いますので，併せてご準備ください）。これは，マインドマップ初心者のために開発した，とても簡単なマインドマップ学習ツールです。まずはこのツールを使いながら，マインドマップの効果をまずは感じてみましょう。

これからこのテンプレートを使って，「未来のワーク」に挑戦してみましょう。まず，中心の図形のなかに，「未来」とかきましょう（図4-4）。

これがマインドマップの「テーマ」になります。最初に何をかくかを宣言す

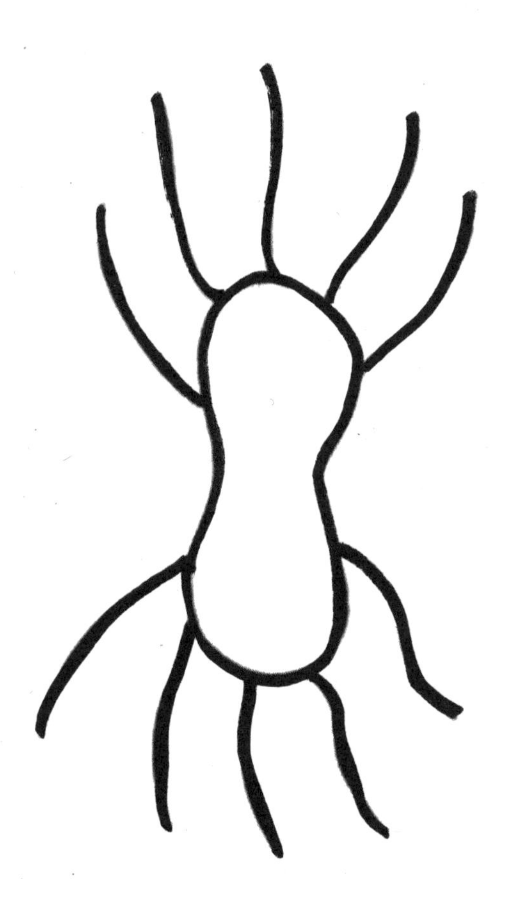

図 4-3　ミニマップテンプレート（横長にして使いましょう）

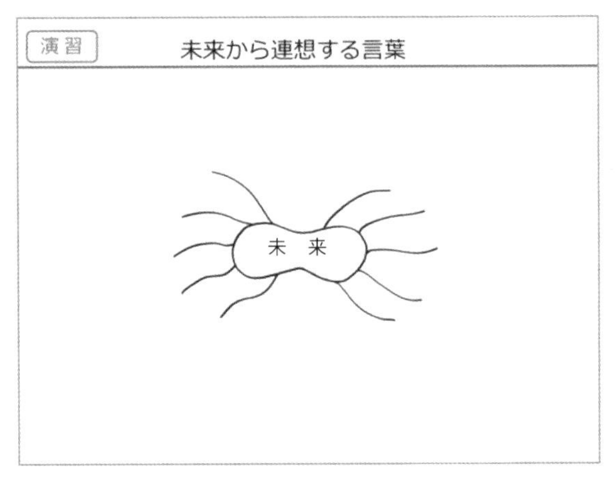

図 4-4　未来のワーク

るわけです。「中心から外に向かってかいていく」ことを覚えておきましょう。

次に，2 分間お時間を取りますので，2 分間でできるだけたくさん，未来から連想する単語を載せてください。載せる場所ですが，線の上です。線に重ねるのではなく，線の上のスペースになるべく線の近いところに単語をかいてみてください。

線は 10 本ありますので，できるだけ 2 分間ですべてを載せるようにしてくださいね。

では，ワークスタートです。

ワークを実施

かけましたか。ここで実際の講座では 4 名の方に比較をしていただきます。ステップ 1 では，まず同じ単語を探していただきます。このときに，同じ意味ではなく，同じ単語を探して欲しいのです（図 4-5）。

そしてステップ 2 では，興味のある内容について質問をします（図 4-6）。なぜ未来からこの単語が浮かんだの？とか，どういう意味だろう，など何でも結構です。こんな形でワークを進めていきます。

書籍を読みながら，一人でかかれた方は，ちょっと予想をしてみてほしいのです。どのくらいの単語が 4 名同じだったでしょうか。そして，他の方から質問されてどう答えるでしょうか。

③皆違って皆いい：多様性を感じる

もしチャンスがあれば，ぜひこのワーク，実際に 4 名の人を集めてやってみてください。いろんな気づきがあります。

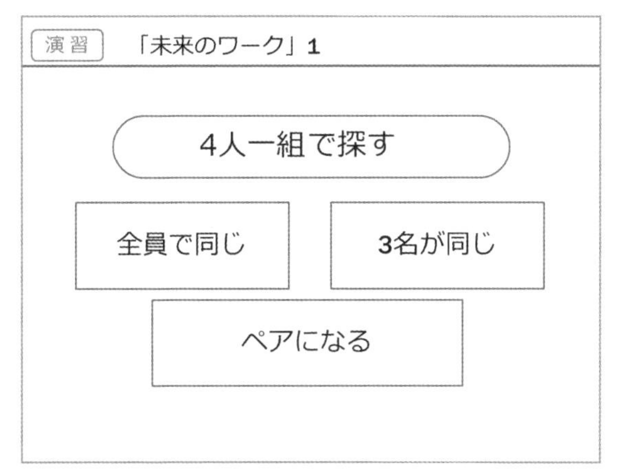

図 4-5　ステップ 1：同じ単語を探す

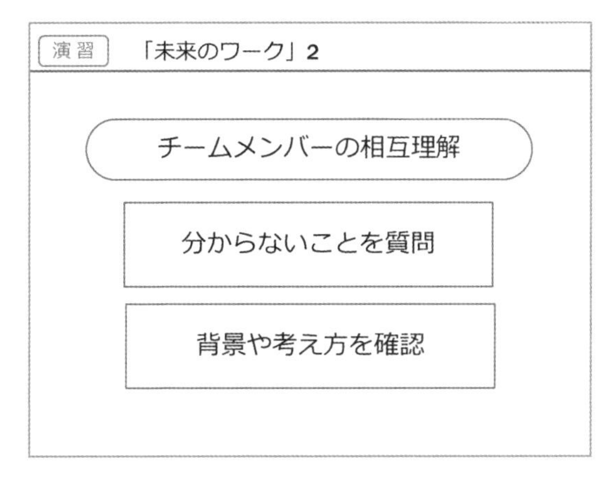

図 4-6　ステップ 2：興味ある内容に質問する

さて，実際講座の場合には，こんなことが起こります。ステップ1では，4名が同じ単語を出しているケースは，実に私の経験では，200チームに1チーム程度——とても少ないのです。

意外でしたか？「私のかいた単語って，普通未来から想像するでしょう？　なぜないの」と感じる方も多いようです。

これは，まさに人間の脳の多様性を示しているのです。みんな違うんですよね。違っていいんです。大事なのでもう一度言いますね。「みんな違って皆いいんだ」。こんな多様性を体感いただくワークでした。

④記憶のフック：単語だけでも思い出せる

さて，ではステップ2は何のワークなのでしょうか。実は，ちょっと不思議な現象を確認したいのです。この単語どういう意味と聞かれると，皆さんどんどんお話しをされます。これって，ある意味不思議ではないでしょうか。

これまで私たちは意見を述べる前には，文章を書いてきましょうと教わってきました。でも，単語１つでどんどんしゃべれる。人によっては，３分も５分もしゃべる方もいらっしゃいます。これは何かといえば，実は，単語がそのとき考えた内容の「フック」になっているのです。トニー・ブザンさんは，これを記憶のフックと呼びます。この記憶のフックを上手に使うことが，バイオスーパーコンピューター（＝脳）の力を引き出す鍵なのです。

「単語１つだけ，つまりキーワードだけで書いてもたくさん語れる！　そのとき考えていたことを，頭の中から引き出せる」。これが理解できると，次のようにも思いませんか？

「だったら，文章を書かなくても，単語だけかき出せばいいのでは」――これはいいところまで来ていますね。マインドマップでは，単語だけをかき出していくのですが，実はこんな背景があるからなのです（実は，単語だけではなく，もう１つの要素が大事なのですが，ここは後ほどお話しします）。

⑤おめでとうございます！：１枚目のマインドマップが完成 ――

ここまで，かいていただいたかき方ですが，これも「マインドマップ」です。

「えっ，これってマインドマップなの？」と感じた方が多いかも知れません。そんな方はもしかしたら，ふだん，さまざまな本で，マインドマップのすばらしい「作品」をご覧いただいている方かも知れません。力の入ったマップを見ている方にとって，このマップはマインドマップに見えないかもしれませんね。でも，大丈夫。これもマインドマップです。もしかすると，皆さんがかいた最初のマインドマップかも知れませんね。おめでとうございます。マインドマップの世界にようこそ。

ちなみに「未来のワーク」は，いかがでしたか。２分間という時間制限のなかで，たくさんの単語が載せられた方も，あまりたくさんかき出せなかった方もいらっしゃるかも知れません。少し時間をかけてでも良いので，たくさんかき出すことに挑戦してみるとよいですね。慣れてくると，２分もあれば，20個近い単語がどんどん頭からあふれてくるようになります。意識しなくても，どんどんかけてしまうのです。これがマインドマップの楽しいところであり，「スーパーバイオコンピューター」を使いこなす第一歩でもあります。

キレイにかけていなくても現時点では，ぜんぜん問題ありません。ポイントは，単語がたくさんかけているかどうか。まずはこの一点のみに集中してくださいね。

04-03 オリジナルの「学び方の手順」(概要)

① 40年前のマインドマップから学び始める：学び方の手順 ――

実は，40年前のマインドマップは，今のマップとは全然違っていました。その間に，進化を続けて今の形になっています。物事を学ぶときに少し歴史を振り返って，原型からスタートすると本質がわかりやすいというケースがあるのです。今回はそのパターンにあたります。マインドマップの原型である，ミニマップ（図4-7）をしっかり押さえてから，次のステップへと進んでいきましょう。

私のセミナーにお見えになる方で，次のようなご意見をたくさんいただきます。「本などに掲載されているマップをまねてかこうと思って，挑戦したら，うまくいかなかったんです」――このご意見が，本当に多いのです。こんな言い方をすると怒られるかも知れませんが，本に掲載されているマインドマップは，インストラクターが気合いを入れてかいた，いわば「作品」。しかし，インストラクターといえども，実際には，マインドマップをかく枚数としては，このような作品よりも，もっとシンプルなものが圧倒的に多いのです。

最初から「作品」を目指すのではなく，基本スキルを押さえてその上で，さらにパワーアップスキルを加えていく。自分の使いたい用途に合わせて，最適なマップを使っていただきたい。そんな思いで，このマインドマップの歴史に沿って考える「学びの手順」を創り出しました（図4-9）。

たくさんワークが入っていますので，実践講座のワークに挑戦しながら，1ステップずつ，一緒に進めていきましょう。

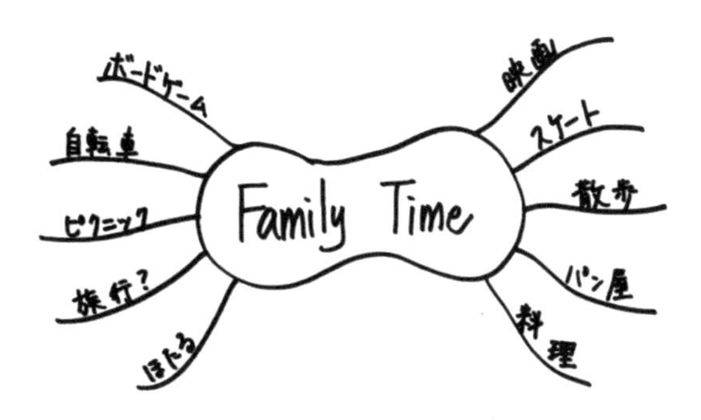

図4-7 再掲：ミニマップの例

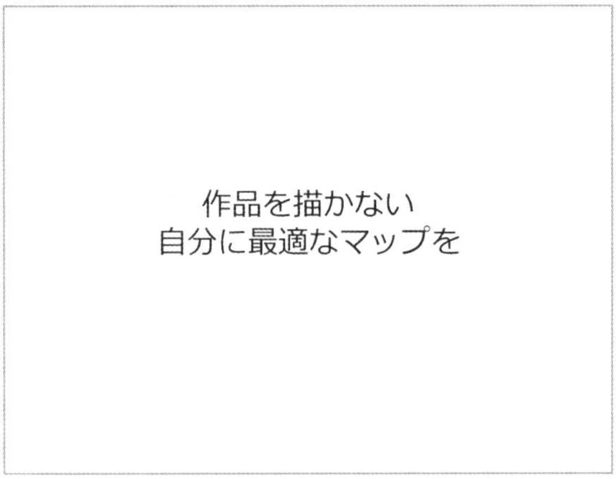

作品を描かない
自分に最適なマップを

図 4-8　作品でなくとも大丈夫！

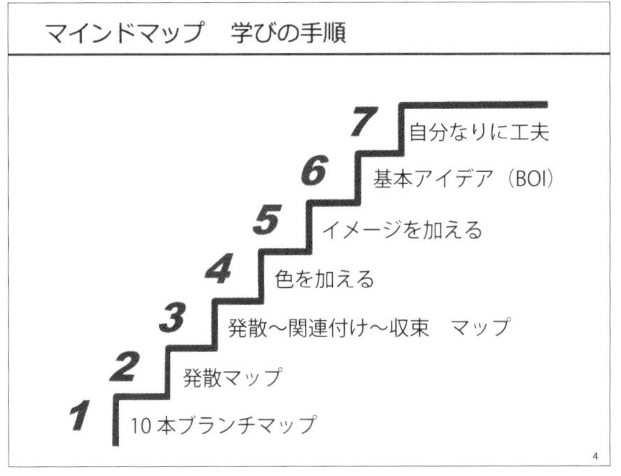

図 4-9　マインドマップの「学びの手順」

04-04 イメージを連想

【マインドマップの背景にある考え方を理解しよう】
04-01 で「マインドマップは思考の地図である」と話しました。自分の頭の中で起きていること（＝思考）を紙の上に写す思考ツールなのです。だとすると「「思考」とは何か？ 頭の中でなにが起こっているのか？」この節では，この謎に，皆さんのワークでの体験から迫っていきます。

①ワーク「イメージの連想」に挑戦しよう

さて，考えていることを地図のように紙の上に写す。これがマインドマップです。では，考えるというのはどういうことなのでしょうか。体感ワーク「イメージの連想」で感じていただきましょう（図 4-10）。

演習 イメージの連想

- 目を閉じて
- 次の単語を聞いて、イメージを自由に遊ばせてください。

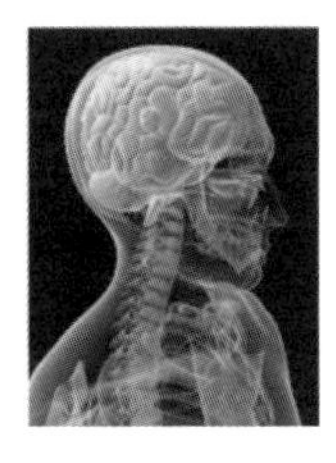

図 4-10 ワーク「イメージの連想」

私が，これから1つの単語を申し上げます。この単語を聞いて，どんどん連想を拡げて行って欲しいのです。イメージを使うとよいですね。時間は30秒間です。

では，ワークスタート。

その単語とは，「リンゴ」です。

ワークを実施

いかがでしたか。リンゴからどんな単語が出てきたでしょうか。ぜひ，浮かんだ単語をたくさん手元にメモをしてみてください。

講座の中では，いろいろなパターンが出てきます。たとえば，「リンゴ」「赤い」「甘酸っぱい」「リンゴジュース」「アップルパイ」「くるくると皮をむいて食べる」「うさぎにする」「ふじが好き」「青森」というかたもいらっしゃいます。また，「リンゴ」「アップル」「iPhone」「欲しい」「毒リンゴ」「白雪姫」「お姫様」「ウイリアムテル」「弓矢」というパターンも……。さらには，「リンゴ」「ニュートン」「重力」「地球」「水の星」「水大切」「淡水化ビジネス」「水ビジネス１兆円」となった方もいらっしゃいます。

とてもおもしろい発想が広がっていきます。たった30秒にも関わらず，だいたい一人あたり６個くらいの説明をいただきます。多い人で10個以上ということもあります。でもみんなさまざま，先ほどの「未来のワーク」(☞40頁）よりもさらに驚くほど多彩です。これって「ヒトによって違う！　多様性！　違っていいんだ」のもう１つの事例かも知れませんね。

②私たちの頭の中でおきるブルーム型とフロー型

さて，このワークでは２つの説明をしましょう。

まず，思考の流れについてです。先ほど，３種類の方を紹介しましたが，実は頭の中には，どうやら２つの種類の思考の流れがあるようです。それは，最初の方のように，「リンゴ」の周辺をぐるぐる回っていくパターン。これって，ちょっと図にしてみると花みたいな感じになるので，「花開く＝ブルーム（Bloom)」型といいます。一方で，最後の型は「リンゴ」からスタートして，どんどん離れていくパターン。川が流れていくようなので，これは「川が流れる＝フロー（Flow)」型といいます（図4-11)。

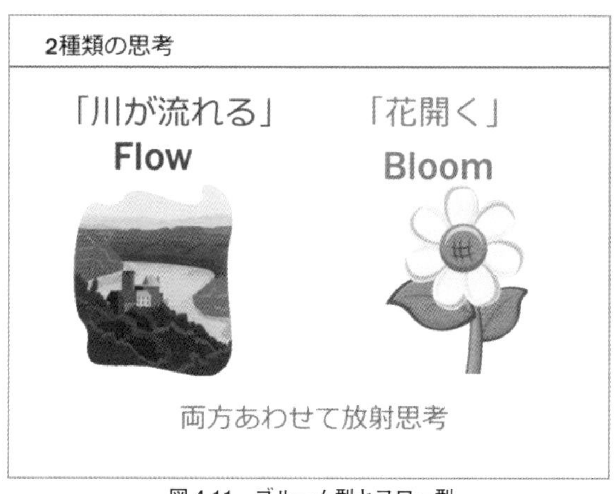

図4-11　ブルーム型とフロー型

真ん中の型がその中間形。少し離れていって，途中で「いかんいかん」と元のリンゴに戻ってやり直しという「ブルーム」「フロー」混合型になります。皆さんはどのパターンでしたか。

トニー・ブザンさんは，この2つのパターンを併せて「放射思考」といっています。思考は中心から外に拡がっていくというとらえ方です。思考がこのように進んでいくとすると，思考を紙の上に写すのには，どうしたらよいか。これをトニー・ブザンさんが考え抜いた結果が，マインドマップなのです。皆さんが，今，使っている文章や箇条書きと比較しながら，そのよさを探っていきましょう。

③中心から外がいいんだ：頭の中で起きていることに似た形 ——

会議で議事録をとる，授業のメモを書く，レポートや論文を書く。私たちは，考えを紙に写すときに，文章や箇条書きを使います。これが小学校時代から教わってきた方法です。この方法が，脳の中で起きていたことに合っていないと申し上げたら驚きますか？

今のワークの体験をもとに少し考えてみましょう。

あるテーマについて考えようとする。すると，いろんな考えが浮かんできます。ブルーム型であれば，そのテーマについていろんな考えが浮かびます。フロー型であれば，どんどん離れていくケースもあります。

ただ，思考は一方方向に進むわけではありません。途中で行ったり来たりしたりする。先ほどの例でいえば，「リンゴ」「アップル」「iPhone」「欲しい」となって，その後に，いやいや，リンゴだったと考え，「毒リンゴ」「白雪姫」「お姫様」「ウイリアムテル」「弓矢」でもやっぱり「iPhone 欲しいなー　新型格好いいな」となる。これって，行ったり来たりしているんですよね。放射的に拡がりながら，あちらこちらを考えながら考えを深めていく。

これが脳の中で起きていることなのです。

一方で，従来の文章や箇条書きはどうでしょうか。確かに箇条書きと文章は，発表したり，誰かに読んでもらったりするときには，とても有効です。1つの流れで「直線的」に進んでいくからです。ところが，実際に頭の中で起きていることは，「放射状」に拡がりながら，行ったり来たり……。

だから，中央にテーマを置いて，外に拡げていくマインドマップの形がよいのです。ブルーム型であれば，放射的に拡げていくことができる。フロー型で進むのであれば，どんどん外に。さらに，拡がった途中から枝分かれして，またブルーム型に移ってみたりする。全然違うところに思考が飛んでいっても，しっかり写し取ることができる。実用的な面では，だんだん拡がるにつれて，スペースに余裕ができますから，拡がっても記録を残すことが簡単だという実務上のメリットもあります。

だから，この形，「中心から外に」という形が重要になるのです。

しかも，単語と線という記述方法をするので，短時間で脳に浮かんでくるさまざまなアイディアをつかみ取ることができます。30秒で，6個くらいの考えが浮かぶとすると，2分あれば20個以上の考えが浮かんでくることになります。そんなペースで浮かんでくる考えを，従来のノートのかき方では果たして追いつくことができるでしょうか。

④日本語よりも先に浮かぶのはイメージ

先ほどの「リンゴのワーク」に戻りましょう。実は，もう1つ重要な要素が含まれています。

リンゴについて考えていたときに，皆さんの頭の中に浮かんだのは何でしょう。「リンゴ」「林檎」「りんご」「Apple」のように，言葉が浮かんだ方はいますか。それともリンゴのイメージが浮かんだでしょうか。

実際に研修会場でワークをやると，99%以上の方が，イメージだといいます。写真のような画像イメージの方もいれば，動いていたという方もいますし，味や，噛んだときの歯触りやしゃりっという音，持ったときのずっしり感や冷たさなどをあげる方も多いです。

リンゴから青森が浮かんだという方に聴くと，「リンゴ畑が出てきて，そこの空気を感じた。ちょっと寒くて，青空がキレイで，収穫している人がいて，そうそう奇跡のリンゴのあのオジサン（木村秋則さん）の笑顔も浮かびました」というお答え――そうなんです。何か考えるときには，ほとんどの方にとって，最初に浮かぶのは，日本語でも英語でもない。五感を含めたイメージがまず浮かぶ。画像・動画・音・におい・味・重さなどなど――これを後から日本語に直して，日本語で説明しているのです。

マインドマップは，この頭に浮かんだイメージを単語に置き換えたり，そのままイメージで紙の上に落としていきます。

⑤連想の力で考えが拡がっていく

しかも，次のイメージに飛ぶときに，「理由なんて何もない。関連するものが浮かんでしまった。そちらに飛んでいった」ということを説明される方もとても多いです。「連想が浮かぶ」と日本語では言いますね。どんどんとつながっていく，どんどん拡がっていく，そんな感じなのです。

もう一度，先ほどやったリンゴのワークで実際に頭の中で起きたことを振

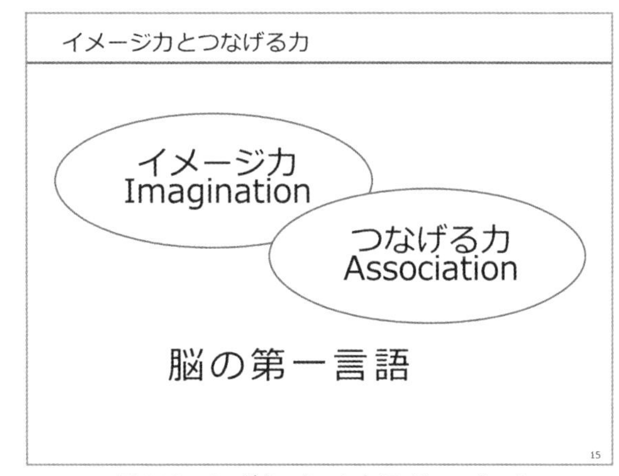

図 4-12　イマジネーションとアソシエーション

り返ってみてください。まずイメージが浮かぶ，次のイメージにつながっていく。

このつながっていく関係を，マインドマップでは，線を使って示しています。この単語は，この単語から連想したとか，この単語とこの単語には関連があるなどを示すために，線（マインドマップではブランチといいます）が引かれているわけです。

頭の中で起きていることのもう1つの重要な要素は，「イマジネーション（イメージ力）」と「アソシエーション（連想・関連づけ／つなげる力）」の2つ（図 4-12）。私たち人間の頭の中で起こっている，**脳の第一言語**は，実はこの2つなのです。

そう考えると，これまでのノートに書かれていた文章は，浮かんできたイメージを「直線的な流れ」にそって，「日本語に翻訳した」ものだということが，おわかりいただけるかと思います。

仕事で，また学習で，文章化することはとても重要です。正確に誤解なく残すことができ，きちんと伝えることができます。だから，文章力をつけることは，すごく大切なことです。

ただ，自分の考えていることを，きちんと理解するために，また考えついた内容をその場で記録し，整理するためには，スピードが重要で，しかも頭の中で起こっていることをなるべく近い形で写し取れる方法がよい。放射思考と，脳の第一言語（「イメージ力」と「つなげる力」）にフィットした形が望ましい。これがマインドマップなのです[2)]。

---

2) マインドマップは，文章の代わりになる部分とならない部分があります。

04-05 短期記憶の限界を超える「見える化」

①小学校３年生の算数の問題に挑戦しよう

【かき出すことって重要だ！　「思考の筆算」をすると整理ができる】
そもそも紙にかかなくても理解できるし，話もできるじゃないかという方へ，もう一度考えてみていただきたいポイントをご紹介します。

２つほどミニワークをやってきましたが，この節の最後のミニワークです。

皆さん算数は得意ですか。……結構手があがらないんですよね。数学ではありません。「算数」です。今日扱うのは，内容は小学校３年生レベル。ただし，すこし特別なルールがあります。

[1]：ペンや紙などに書いてはいけません。
[2]：問題文を１回読んだら，目を本から離して，答えを考えてみてください。（セミナーでは，一度読み上げるだけなので，それと同じ環境にしてみましょう。）

ルールはわかりましたか。では，実際にやってみましょう。小学３年生の算数の問題です。

3285 足す 2584 は？
式で書くと 3285 ＋ 2584 ＝
さあ，本から目を離して考えてください。答えはでましたか。

ワークを実施

「あれ？　うまくできなかった」という方がほとんどではないかと思います。このワークをいろんな社会人の皆様に何十回もやってきましたが，何も書かず，一度聴いただけでできるのは，年代にもよりますが 70 ～ 80 名に１名くらいでしょうか。しかも，できた方は，ほぼ全員がそろばんの暗算上級者。通常の筆算を浮かべた方は，全滅です。

②暗算ができない理由は，作業記憶の壁

さて，ここで「なぜ？」という疑問が出てきますよね。

小学校のときの学び方の手順を思い出すと，おもしろい事実が浮かび上がります。それは，足し算の学び方です。2桁足す2桁は，式を書いて，暗算でいきなり答えを埋めていたと思うのですが，3桁足す3桁あたりから，筆算を習った。これってなぜだろう。そんな疑問。実に興味深い経験則が背景にあるのです。

図 4-13　作業記憶の限界

それは，作業記憶（とか短期記憶）と呼ばれるものの限界です（図 4-13）。人間の脳には，短期的に情報を覚えるエリアがあります。たとえば，友人の電話番号を聞いてその場で覚えるという感じのときに使う，脳の機能です。この作業記憶，実は数に限りがあります。経験則では，「7±2チャンク」といわれています。

ちょっと解説が必要ですね。チャンクというのは「カタマリ」です。バラバラの情報で扱うか，ひとかたまりでとらえるか。そして7プラスマイナス2ということは，5カタマリから9カタマリしか覚えられないということです。

この考え方を意識して，先ほどやったワークを振り返ってみましょう。頭の中で何が起きていましたか？

多くの方がやった方法は，こんな感じ……。

「3千」といわれて，3を頭の中にかき込んだ。次に「2」，次に「8」と「5」。足すといわれて，次の行に＋のマークを書いて，「2」「5」「8」「4」と覚えて，線を引いた。さあ一の位から行こう。「5」と「4」を足して「9」。「8」と「8」で「1」繰り上って「6」。あれ？？

個人差はありますが，このあたりから相当に怪しくなってきます。問題文が浮かばない。わからない。結構な比率で，最初の問題も覚えきれなかったという方もいらっしゃいます（ご安心ください。これが普通です。）

これが，作業記憶をあふれた状態……。印象に残ったものは別にして，順に押し出されて忘れてしまう。だから小学校の算数では，3桁たす3桁あたりから筆算を始めて行くわけです。書きながら考えないと，できないエリアに入っていくわけですね。

これを皆さんの学びや仕事に置き換えてみましょう。5分間ゼミの先生や先輩からコメントをもらって指導された。担当教授から，卒論について話があった。このときに話をされたことは，この作業記憶の範囲に収まっていますか。

皆さん自身が，資料を作ろうとした，レポートを書こうとした。そのとき考えたこと，思いついたことは，この範囲に収まっていますか？

紙に書かずに，「この3つが重要！」と決めて文章をかき始めた。あとで「あ！ これも重要だった」と気づく。よくありますね。なぜなら，3つが重要と考えときに考えていたのは，せいぜい9個まで。その中からなんとなく，これが大事と「思いつき」をベースにしていることが多いのです。

だから，ノートにかき出そう！　これが私たちの脳がもつ，「作業記憶の壁」が教えてくれることです。

③脳のスピードに追いつけないから残せない＝もったいない ——

ところが，もう1つ問題があります。それはスピードです。

最初の「未来のワーク」（☞40頁）で，2分間で10個出してもらうというワークをやりましたね。そして，次の「リンゴのワーク」（☞45頁）で，30秒間でリンゴから連想を拡げていただきました。6個から10個くらいのイメージが浮かんだ方が多いようです。30秒で6個浮かぶとすると，5分で60個になります。実はこのレベルってスーパーコンピューターの力をもってしても，なかなかできないことだといいます。人間がどう連想するか，過去の記憶から引き出すのは，一瞬ですよね。

短時間に，これだけの考えが浮かんだときに，皆さんは，ノートが取れますか？　通常の箇条書きや文章のノートを作ろうとすると，とてもたいへんです。たくさん浮かんだモノのうち，大部分がメモにならないまま，忘れられてしまう。これがもったいないのです。ではどうやってメモに残して，活用するか。これが「**思考の筆算**」という考え方です。考えたプロセスごと残していくのです。

04-06 思考の筆算

①思考の筆算ツールとしてのマインドマップ

マインドマップでは，思考を筆算するということを，重要視しています。文章や箇条書きの代わりに，単語と線でかいていきます。従来の方法よりも（慣れてくれば）圧倒的に早いです。しかも，最初のワークでやったとおり，単語をかくだけで，「記憶のフック」が働いて，そのとき考えていたことある程度思い出せる。高速回転で回る発想をどんどんかき落としていけるところがマインドマップのパワーなのです。

最初の「未来のワーク」からわかることをもう一度振り返ります。2分で10個かけた人も，かけなかった人もいると思います。でも本当は，もっとたくさんの発想が頭の中を巡っている計算になります。30秒で6個を4倍すると2分で24個。このくらい考えていて，3つしかかけないとすると，皆さんの中には，もう1つの壁（ブロック）があります。単純に追いつかない。追いつかないから，その場で「重要性」を判断して，絞ってから結論だけをメモにする。この重要性という判断基準が結構怪しいんです。

私たちが身につけているのは，「結論だけを書く」という習慣です。この習慣，小学校から大学までの教育でも，また社会人になってからも，よくいわれること。結論から話せ。決まったことだけでいい。確かにヒトに伝えるときはそうかも知れません。でも自分で考えを深めるときに必要なのは，思考のプロセス自体なのです。

先ほどのリンゴの例であれば，「リンゴ」と「水ビジネス1兆円」だけでは，わかりません。そのプロセスが見える化されていると，あとから見直し

4-14 思考の筆算

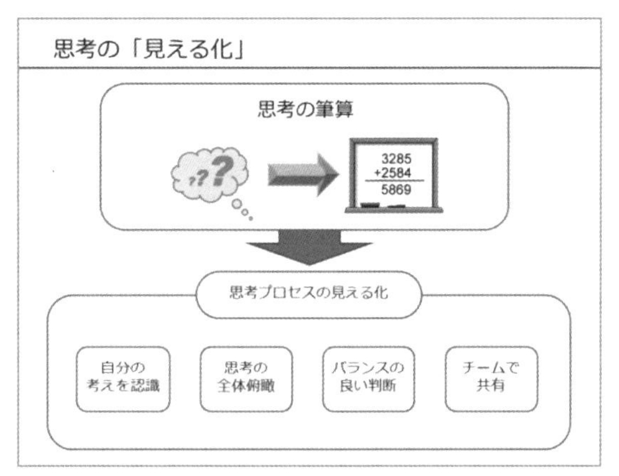

4-15　思考を「見える化」するメリット

て，さらに膨らませることができるのです。

こう考えて，こう考えて，こう考えたという考えた順番や，枝分かれの仕方自体（これらすべてが思考のプロセスなのです）を，その場で見える化をすることが，とても重要なのです。

つまり，思考の筆算には次のようなメリットがあります。

[1]：プロセスが見えることによって，自分がどんなふうに考えることができるかを自分で理解できる
[2]：思考の全体のバランスを見ながら，考えを深めたり，整理したりできる
[3]：バランス良く判断ができる
[4]：チームで思考のプロセス毎共有できる」といった思考を「見える化」する

マインドマップをかきながら，この4つのメリットを体感いただくことが，今日のセミナーの最大のポイントになってきます。

②「マインドマップは思考の地図」を改めて確認しよう

【これから新しいコトを学ぶにあたって】
マインドマップは，頭の中で起きていることを紙の上に写し取る，「思考の地図」であり，流れや位置関係や見える化してくれます。思考のプロセス自体を記録する思考の筆算ツールということもできそうです。では，どう学んでいったらよいのでしょうか。その心構えについて，少しだけお話しします。

マインドマップは，頭の中で起きていることを紙の上に写し取る「思考の地図」であり，流れや位置関係や見える化してくれる。そう定義しましたが，ここまで3つのワークを使って，その効果についてお話ししてきました。

[1]：単語でも思い出せる＝単語でかく。
[2]：放射思考を表す形＝中心にテーマをかいてそこから拡げて行く。
[3]：脳で起きていることは，イメージ力とつなぐ力。だから，線を引いて，その上に載せていく。
[4]：思考のスピードは早い。だから単語と線でどんどんかいていく。

この4つがポイントでした。

次の節からは，いよいよ実際にマインドマップをかいてみますが，その前に，そのかき方を学ぶための心構えについて，少し説明しておきましょう。

③手順に沿って見える化の思考ツール学ぼう

これから皆さんは，マインドマップをかくという新しい挑戦の旅に旅立っていただきます。この旅を始めるにあたり，どんな荷物を持っていくのか，どんな荷物を置いていくのか。カバンに詰めるものを，少し考えてみて欲しいのです。

カバンに入れて欲しいものは，まず好奇心です。そして，楽しむ気持ち。できれば童心に帰ってください。童心に帰ることと子供っぽいことは，違います。ちょっと大げさにいえば，今回の旅は，幼稚園や小学校で学んできたことを否定することになるかもしれません。だから，子供のように新しいコトに挑戦することを楽しんでいただきたいのです。

一方で，置いていって欲しいのは，常識の殻とか，理屈とか，過去の経験からこうあるべきという決めつけなどです。これまで身につけてきた方法を一度脇に置いて欲しいのです。マインドマップの使い方は，人それぞれ。既存の方法との使い分けもとても大事です。でも，まずはすべてを受け入れてみて欲しいのです。その後でどう使うかを考えましょう。

この本を読んでいる間だけは，ちょっと今までの方法で判断したり，論理で「理解」したりするのではなく，「体感」をしてみて欲しいのです。体感した結果，使ってみたいと感じたら，習慣になるまで使って欲しいと思います。

マインドマップは脳に自然な方法ですから，とても楽しい，すてきな体験になるはずです。

また，マインドマップを他の書籍などで見て，これは私にはかけない！と感じた方も安心してください。マインドマップの40年間の歴史のなかで発展してきた経緯に根ざした，オリジナルのステップ「学びの手順」にそって学んでいただきます（図4-16）。一歩一歩進んでいけば，大丈夫です。私自身これまで1,000名以上の方にマインドマップをお伝えしてきました，その中で編み出してきたステップ学習法です。私の経験ではこれまでできないと感じていた人も，この手順で学ぶとマインドマップがかけるようになります！

ぜひ，試してみてくださいね。

ステップ学習の基礎にあるのは，ブランチには3つの要素しかないという考え方です。「形」「単語」「ブランチ」の3つです。基本のマップを理解するには，この3つで十分。実はこの3つの要素については，既にずいぶん説明をしてきました。

あらためて次の節で，ミニマップを実際にかきながら，説明していきたいと思います。

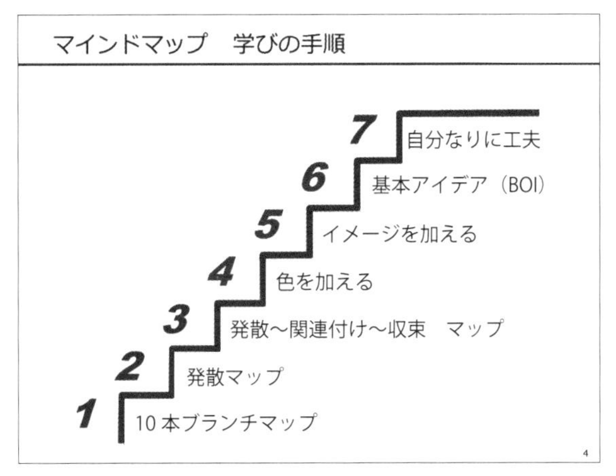

図4-16　再掲：マインドマップの「学びの手順」

04-07 ミニマップをかきながら発散のコツを身につける

【まず紙の上で考えを拡げる：思考の発散の重要性】
まずは，思いついたことをどんどんかき込んでいく発散マップを作ってみましょう。実は，マインドマップがかけないとか，効果が感じられないとかいう場合に，もっとも多いのが発散の部分なのです。たくさんかきだせるようになれば，必ずマインドマップの効果が感じられ使い続けていただけるのです。まずは，発散のスキルから押さえていきましょう。

①発散と収束を分けて考えよう

思考には手順があります。会議手法などでよく紹介されるのが，発散と収束です（図4-17）。この考え方は，個人で考えをまとめる際にも，とても効果的な考え方です。

必ず発散が先――まず，思いついたものをたくさん拡げます。このときには，つまらないものに感じても，たいした内容に思えなくても，ともかくたくさん出すことが重要です。ブレーンストーミングを開発した，アレックス・F・オズボーンさんによるルールで説明すると「判断の遅延」であり「質より量」です。くり返しますね。ともかくたくさん出すことが重要です。

次に収束――たくさん出したモノから，重要な内容を絞っていくというわけです。実は，発散を十分にしないまま収束に移行してしまうと，どこかで見たようなありきたりの考えばかりになってしまいます。収束をしっかり行

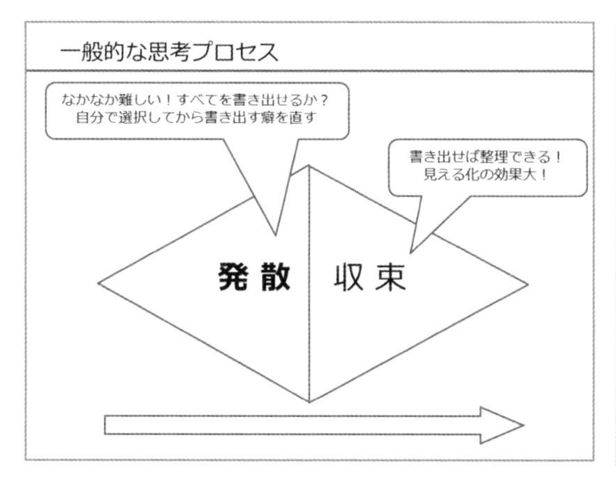

図4-17　発散と収束

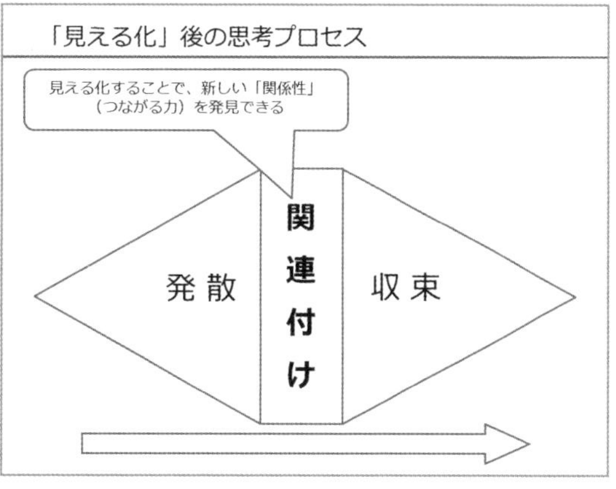

図4-18　「見える化」のメリット：関連づけ

うためには，発散と収束をプロセスとして，明確に分けておく必要があります。

では，どうやって発散をしっかり行うのか？　この発散という作業は，残念ながら頭の中ではなかなかできません。さきほど説明した，作業記憶の壁があるので，思いついた先から忘れてしまうのです。従来のメモではとても追いつきません。だから，マインドマップ形式で，どんどんかき出して欲しいのです。

かき出すことは「見える化」すること――見える化によって，さらに新しいステップを加えることができます。先ほど脳の第一言語で説明した「つなげる力」をさらにパワーアップするステップです。発散で出てきた単語をどんどんつなぎ合わせる。このステップを踏むことで，一人で考えを深めたり，新しい考えに至ったりすることも可能となります。このステップを関連づけといい，発散と収束の間に位置づけます。

この新しい関連性を見つけること（図 4-18）が，見える化をする最大のメリットといえるかも知れませんね。

② 10 本ブランチ＝もっともシンプルなミニマップ

さっそく，実際にかいてみましょう。使うのは，最初に使っていただいたものと同じ A4 のテンプレートです（図 4-3：☞ 39 頁）。

今回のテーマは，「自分にとっての未来とは？」です（図 4-19）。先ほどの未来で作ったものを参考にしていただいても結構です（ここでのテーマは，「私の好きなモノは？」「私の大好きな＊＊」など，具体的なものにしても結構です。最初ですので，楽しいテーマを選ぶことをお勧めします）。

さて，まずテーマを真ん中にかきましょう。文章でなくても結構です。自

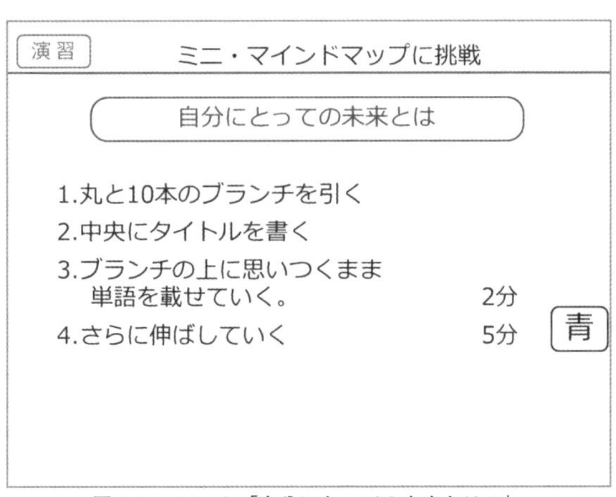

図 4-19　ワーク「自分にとっての未来とは？」

分×未来などの簡素なかき方でも OK です。

テーマがかけたら，2 分間で思いつく単語をなるべくたくさんかき出してみましょう。たくさんかくということを意識することが鍵です。ではどうぞ。

ワークを実施

実際にかいてみましたか。今やったコトは，すでに最初に一度やっていますね。これが，学びの手順（図 4-20）の【ステップ 1】10 本ブランチマップです。いかがでしょうか。マインドマップはツールなので，本で読んでみるよりも，まずかいてみることが重要です。実際にかいていただいたという前提で，お話しを進めていきますね。

2 分でどのくらいの単語が載せられたでしょうか。5 個？　8 個？「10 個で時間が余った」という方もいるかも知れません。

ここで 2 個とか 4 個くらいしか，載せられなかった方へのヒントです。「自分のメモにすぎない」ということをちょっと意識してみましょう。誰に見せる必要もありません。思いついたものをすべてかき写すつもりで結構です。数をたくさんかきましょう。

また，頭の中にイメージが浮かんだら，その中のディテール（詳細や部分）に注目してみましょう。たとえば，先ほどの例であれば，リンゴ畑が浮かんだら，「天気はどうか？」「気温は？」「どんな人がいるか？」「どんなことをしている？」「どんな音が聞こえる？」「どんな香りがする？」など五感で着目する方法もよいでしょう。これが OK となると一気に単語が増える方も結構います。

2 分であまりたくさんかけなかったときには，もう少し時間とっても構い

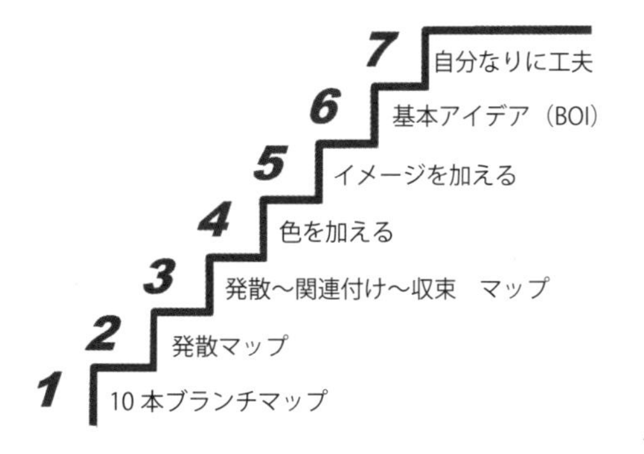

図 4-20　再掲：マインドマップの「学びの手順」

ません。8個くらいまで載せられるまでねばってみましょう。気楽に楽しみながらかいてみてくださいね。

③さらに発散していくためのキーワードは「ブランチが先」

次のステップは,「さらに伸ばしていく」です。第2階層，第3階層とどんどん伸ばしていきます。1つのブランチ（線）から，何本伸ばしても OK です。また一本も伸びないブランチがあっても大丈夫。この時点で整理する必要もありません。

実際にかいていただく前に，1つだけルールを説明します。それは「ブランチが先・単語が後」というルールです。

これは，脳の働きにとても強くリンクしているポイントです。たくさんの単語が載せられない方にもとても効果がありますので，ぜひ使ってみてください。

8個くらい載せてみた方，10個載せきった方は，すでに感じていただけた方も多いかも知れません。8個くらいになったあたりから，どんどん集中してきた，とか，もっとたくさん出したくなった，という感じがしたのではないでしょうか。

先ほどの「作業記憶の壁」から考えると，実はこのあたりから，多くの方が考えつかなくなって苦しくなる領域です。でも，どんどん集中してしまったとすると，そこには，なにか仕掛けがあったのではと感じませんか。

ひと言でいえば，8個の単語が乗っている状態が気持ちが悪いという感じかも知れません。あいているところが気になるという方もいらっしゃるかも知れません（図4-21）。

こんな状態を起こしている仕掛けが,「ブランチがあらかじめ引いてある」

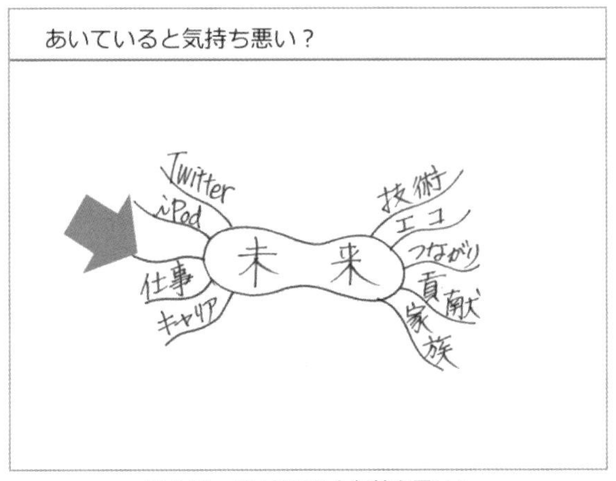

図4-21　あいていると気持ち悪い？

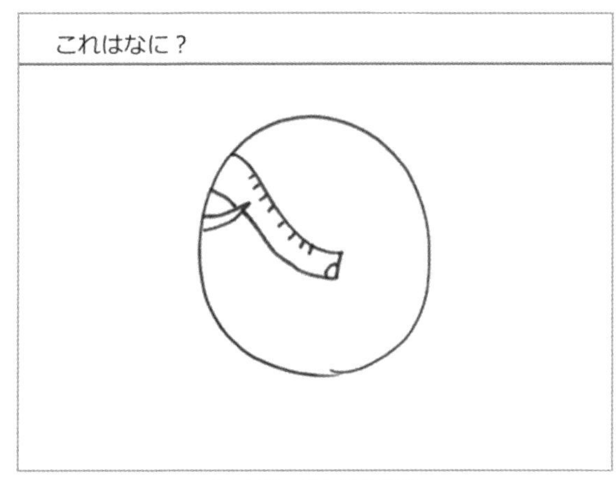

図 4-22 これはなに？

「そして，ブランチが空（から）である」ということなのです。全体像が見えてきて，ほぼ埋まっている状態あると，残りの部分を埋めたくなる。そんな効果があるのです。

たとえば，図 4-22 のような図があったとします。これは何ですか？

これも 100 回以上ご紹介してきましたが，ほぼ 100%，「ゾウ」という答えが返ってきます。どういうことかといえば，頭の中で，勝手に見えない部分を補っているということなのです。

これはすべての人間の脳に元から備わっている機能で，ゲシュタルト（日本語では全体性）といいます。一部が欠けていると，その部分を補いたくなるという脳の機能です。

マインドマップでは，この機能を使っているのが，「ブランチが先，単語が後」というルールです。ブランチが先に引かれることで，そこに埋めることを脳が勝手に探し始める。

言い方を変えると，「空（から）のブランチ」が「ここに何を埋める？」という脳に対する質問になっているわけです。

④どんどんブランチを伸ばして発散を続ける

では，この「ブランチが先，単語が後」というルールを使って，早速「さらに伸ばしていく」ステップをやってみましょう。

ブランチの伸ばし方は，2 種類。①単語が思いつくときには，まずブランチ，単語，ブランチ，単語の順でかいていきます。一方で，②単語が浮かばなくなったら，ブランチをたくさん引いておきます。どちらが先でもないので，自由に使ってください。ポイントは，最後に空のブランチが残っても構わないということ――どんどん引いておきましょう。

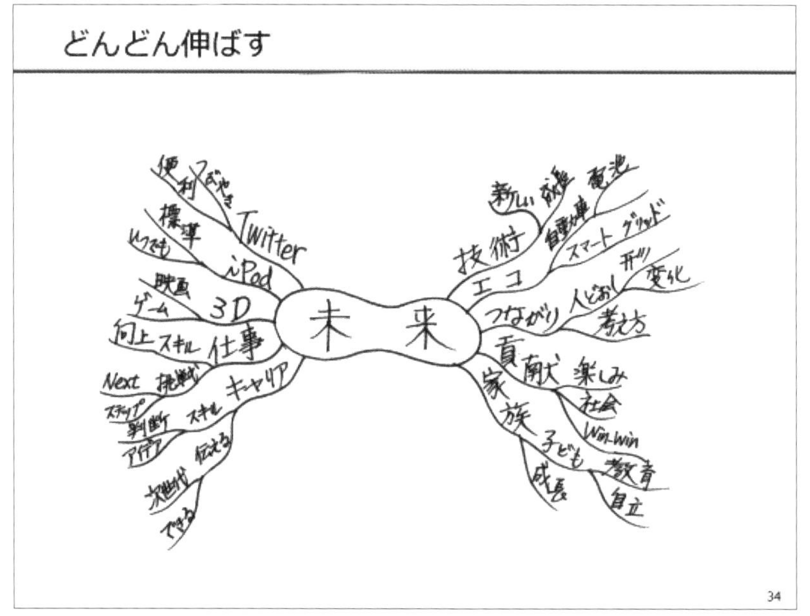

図 4-23　完成イメージ

それから，ブランチは，きちんとつなげてください。ブランチは，「つなげる力」（冒頭に学びましたね。脳で起きていることの1つです）を表しているので，つながっていることが重要です。完成イメージの図 4-23 を参考にブランチをどんどん伸ばしてみてください。

では，5分間のミニワークスタートです。

ワークを実施

どうですか。たくさんの単語が出てきましたか？　目標としては30個くらいの単語が載っている状態を目指してください。多少時間がかかっても最初ですから，全然問題ありません。数枚かいて慣れてくると，ほとんどの方が，2分プラス5分の合計7分間で，30個の単語がかけるようになります。

同じ単語がダブってもOKですし，階層が違っても構いません。

もし，上記の補足説明をみて，もっとやってみたいという方は，このまま時間を追加して，30個を目標にかき出して行きましょう。確認ですが，今回のマップには，思いついたものであれば何をかいても大丈夫です。まとめは，この後のステップでやりますので，安心して拡げてみてください。

04-08 仕上げの重要性を考える

①見える化の最後に仕上げの時間を必ず取ろう

【仕上げをしっかりしよう！：思考の見える化の本領発揮】
発散で終わらせてはもったいない！　ここまで，7 分くらいの時間をかけて，30 個の単語をブランチという線の上に載せていただきました。せっかく見える化した皆さんの思考をここから，しっかり仕上げをしていきます。

マインドマップを自分の考えを深めたり，記憶をしたりして使いたい，また思考の整理に使いたいという場合に，お勧めの手法があります。

これは，私が独自展開をしているものですが，ビジネスパーソンにお伝えしていると，このステップは外せない！と，とても好評をいただいているステップです。ぜひ活用してみてください。マップで発散した後に，関連づけと収束という仕上げのステップを加えることでマインドマップのパワーが格段にアップします。

ちょっと想像してみてください。発散のマップ（今目の前にありますよね）の状態で，皆さんが，テーマに沿って説明をしてくださいといわれたとします。すぐにできるでしょうか。

発散がうまくいっている方ほど，戸惑ってしまうのではないでしょうか。「どこから説明しようかな」とか，「全部できるかなとか」いろいろな考えが駆け巡ると思います。

もちろん，何もかいたものがなくて説明をとりあえず始めるのに比べれば，格段によい説明ができると思います。「でももっと楽にならないかな，せっかく見える化したのだから……」。

これが，仕上げのステップ，すなわち，関連付けと収束（図 4-17：☞ 53 頁）なのです。

②「関連づけ」は 2 つのアクション：やっていることは同じ

実際にどうやって仕上げていくかをお話ししていきます。先ほど，発散が終わったマインドマップを用意してください。少し説明が長くなりますが，大事なところなので，まず最後まで読んでからワークに移ってくださいね。

まずは，関連付けから説明していきましょう。お手元に，黒以外のペンがあれば，ぜひ準備をしてください。赤でも青でも OK です。

発散が終了したマップの，まず全体を見渡してみてください。同じ単語があちこちにある方，これはラッキーです。すぐにつないでみましょう。あちこちに出てくるということは，ご自身にとって，きっと，重要な単語や，気になる言葉なのでしょう。

1 箇所が伸びているという方もいらっしゃるかも知れません。これも大丈夫。単語をどこに置くかとかバランス良くということは，この時点では深く考える必要はありません。考えていることへのフィルターを外してたくさんかき出すことが重要なのです。

「関連づけ」というのは，2 つのアクションが含まれます。1 つめは，「グルーピング」です。雲ような形が一般的なので，雲やクラウドと呼んでも構いません。関連のありそうなものがあったら，雲のような形の線で，囲って上げてください。もう 1 つが「つなぐ」というアクションです。こちらは，マップ全体を見て，逆側にあるかも知れません。理由は何でも結構です。関連していると思ったらつないでみてください。「似ている・同じ」「反対」「原因と結果」「全体と部分」などなど，ともかく何か関連しそうと自分が感じれば何でも OK です。線でつないでみてください。

2 つのアクションは，併行してやっても構いません。全体を見ながら気づいたところに，雲や線をどんどん増やしていってください。ちなみにこの 2 つのアクションは，実際やっていることは同じです。近くにあれば，グルーピング。遠くに離れていると，つなぐになります。

③「収束」は 2 つのステップ：こちらは順番にやろう

関連づけが終わったら，次に「収束」に入ります。こちらは 2 つのアクションを順番に行います。

まず最初のアクションは，「強調」です。こちらも理由は何でも結構です。重要そうだと思ったら，強調の印を入れましょう。どんな印を入れるかも自由です。「マルで囲む」「星印（☆）をつける」「ハートマークをつける」「文字を大きくかき直す」「文字を太くかき直す」など何でも結構です。

2 つめのアクションは，「優先度づけ」です。強調の印をつけたものをざーっと見直して，優先度を 1，2，3，というふうにつけていきます。もっとたくさんあってもよいですし，1 番だけでも OK です。

関連づけと収束をさっそくやってみましょう。ステップは，もう一度図 4-24 を確認してください。

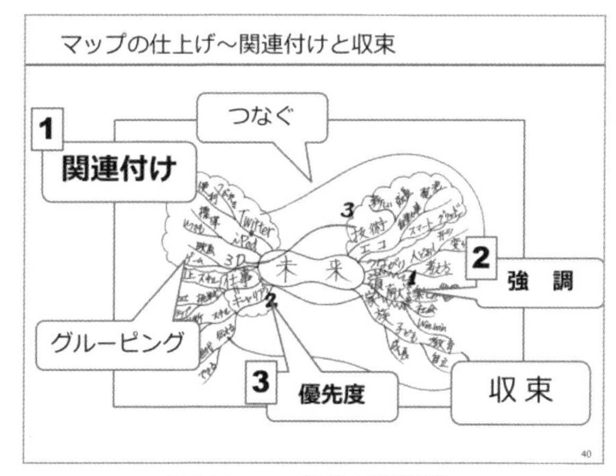

図 4-24　マップの仕上げの手順

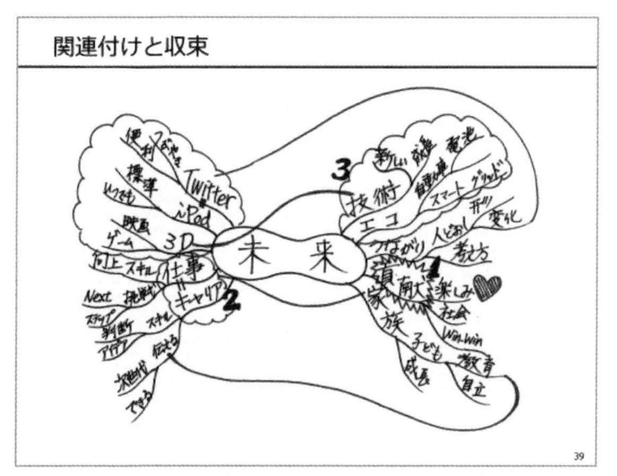

図 4-25　関連づけと収束を反映したマップ例

［1］関連付け（①グルーピングと②つなぐ）
［2］収束①強調
　　収束②優先度づけ

先ほど発散の完了したマップを用意して，違う色のペンで進めていきます。全行程を併せて，5分間をめどに挑戦してみましょう。

ワークを実施

5分間でやっていただきました。いかがでしたか。もう一度想像してみてください。仕上げのステップが終わったマップを見ながら，テーマについて説明をしてみてくださいと言われた場合に，どう感じるか。どう説明できるかです。

すらすらと説明ができるという方もいるでしょう。時間の長さにあわせて自由に話ができた。ポイントを外さなかった。こんな感想が出てくるかも知れません。この仕上げのステップは，トニー・ブザンさんの本では語られていない手法ですが，ビジネスパーソンの方からはとても有効と太鼓判をいただいています。学生の方でも，もちろん大丈夫。ぜひ試してみてください。

04-09 ミニマップのまとめ

①学びの手順のステップ3まで

【3つの基本ルール】
第一部の総まとめとして，マインドマップの3つの基本ルールについて説明します。これまで，ミニマップのワークの中で体感いただいた基本スキルを整理していきます。

ここまで，ワークを行いながら，「学び方の手順」(図4-26) のステップでいえば【ステップ3】発散～関連づけ～収束マップまで説明してきました。いかがでしたか。

ここで，ここまでの説明を振り返っておきます。マインドマップには3つの要素があると申し上げました (図4-27)。この切り口でここまでお伝えしたことをベースに整理をします。

②形：中心から外へ

マップの第1の要素は形でしたね。ここについては，「中心から外」と説明しました。放射思考という頭の中で発想が広がるのと同じような形で，中心にテーマを置いて，そこから全方向に放射的にブランチと呼ばれる線を360度に拡げて行くという形を取ります。拡がっていくにつれてスペースが拡がるので，ブルーム型にもフロー型にも対応ができます。

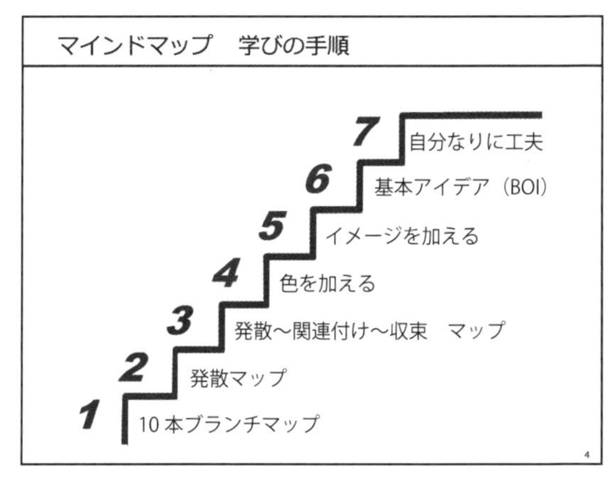

図4-26　再掲：マインドマップの「学びの手順」

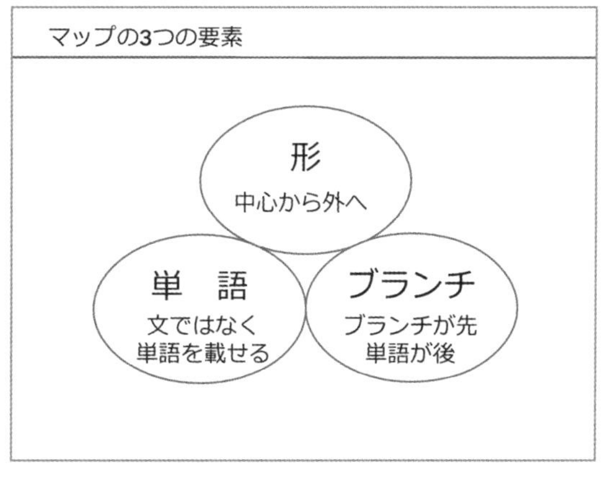

図4-27　マインドマップの3つの要素

③単語：文ではなく単語を載せる

次に単語ですが，短時間で次々と浮かぶ思考を写すには，スピードが早い単語でどんどんかいていこうということでした。単語は頭の中で考えた思考やイメージに対する，思い起こすためのフックになる。最初の「未来のワーク」(☞40頁）では，単語から逆に説明することにも挑戦しました。まず考えを整理するという段階まででは，文章である必要はなく，むしろ，単語で高速に発散する考えを，紙の上にかき写すのが効果的です。

④ブランチ：ブランチが先，単語が後

最後にブランチ――ブランチは，発想が出た時点での，イメージ同士のつながりを表すわけです。なので，ブランチどうしは，きちんとつながっていないといけません。また，単語をどんどんかくためには，思考を引き出すように，ブランチを先にかいて，次に単語を載せるようにしよう。ゲシュタルトという脳の機能を活用するために，ブランチを先にかくことが重要でしたね。

マインドマップには，この３つしか要素がないといっても過言ではありません。とてもルールが少なくてシンプルだけど，使い道が広いツールなのです。

さあ，次はいよいよ，カラフルでイメージいっぱいのマップに挑戦していきます。「学び方の手順」のステップ４以降を次の章で説明します。

05 マインドマップの応用

基礎ができあがったところで，いよいよ本格的なマインドマップに取りかかるのが第５章です。用語解説の後，ここまで体感してきた内容をベースに，フル・マインドマップの作成方法を学んで行きます。

色やイメージなどの新たなツールを加えて，さらに集中度を高め，楽しみながら実践できる本物のマインドマップを作成いただきます。「色」なんて勉強で使ったことがない，「イメージ」なんてうまく描けそうにないと思う方も多いと思いますが，まずは過去のやり方にとらわれず，新しいやり方に挑戦してみてください。わずかなトレーニングをするだけで，一生手放すことのできない思考ツールを手に入れることができます。

05-01 マインドマップの用語解説

【用語解説】

ここではマインドマップ独自の用語（図 5-1）を解説していきます。すでにミニマップの説明で使っている用語もありますが，まとめて，ここで解説します。マインドマップは，ルールも少なく専門用語もあまりありません。きちんと，押さえておきたい用語は，以下の３つだけです。

①セントラル・イメージ

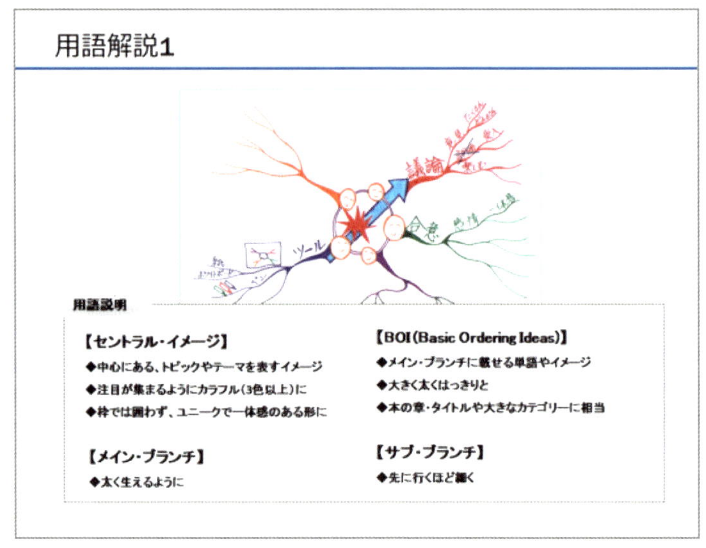

図 5-1　用語解説 1

最初は，セントラル・イメージです。読んで文字のごとく，中心にあるイメージのことで，このイメージの内容が，マップのテーマやトピックを表します。先ほどのミニマップのワークでは，「未来」とかいた部分に当たります。マインドマップでは，テーマを原則として，イメージでかきます。セントラル・イメージの条件は２つ。１つは，カラフルで３色以上でかくという点と，枠では囲わず，ユニークで一体感のある形にするという点です。

詳しいかき方は，イメージの説明のときにお話しします。

②ブランチ

ブランチというのは，英語で木の枝のことです。名前の通り，枝や幹のように，根元が太く，先が細くなるようにかいてみてください。

ブランチについては，きちんとつなぐことという解説をここまでしてきました。連想を表してくれる線ですね。マインドマップでは，第１階層のブランチをメイン・ブランチと呼んで特別扱いします。第２階層以降のブランチをサブ・ブランチといいます。

③ BOI

BOI（Basic Ordering Idea：マインドマップの構造を決める考え・意見）とは，メイン・ブランチ（第１階層のブランチ）に載せる単語やイメージのことです。本でいえば章やタイトル，大きなカテゴリーに相当するものです。ブランチ同様に，載っている単語やイメージも，他の単語にくらべて特別扱いをします。大きく，太く，はっきりと。場合によっては，これ自体がイメージそのもののようにかくケースもあります。BOIは，マインドマップの概念の中でも，とても重要なものです。第４節（☞79頁）で詳しく解説しますので，ここでは，定義をしっかり見ておきましょう。

④ミニ・マインドマップとフル・マインドマップ

最後に，ミニ・マインドマップとフル・マインドマップという用語について説明します（図5-2）。

通常マインドマップといえば，フル・マインドマップを指します。これまでの説明の流れでいえば，マインドマップの学びの手順の７つのステップの要素をすべて含んだマインドマップがフル・マインドマップです。イメージもたくさん使われており，カラフルで，BOIもきちんと設定されています。

一方で，ミニ・マインドマップは，いわばマインドマップの簡易バージョン。どんどんアイディアを出したり，ちょっとしたメモ代わりにも使ったり

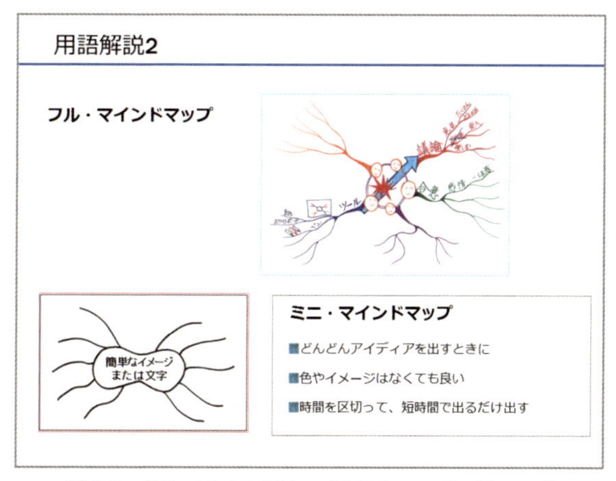

図5-2　ミニ・マインドマップとフル・マインドマップ

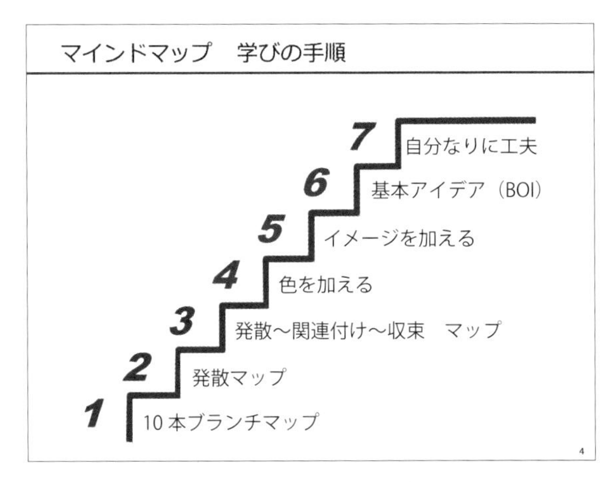

図 5-3　再掲：マインドマップの「学びの手順」

するマインドマップです。

用途に応じて，7つのステップのうち，機能を自分で選んで使います。そのため，色やイメージはなくても構いませんし，時間的にも短時間でどんどん発散するために使うなど，用途は拡がりを持ちます。

以上が，マインドマップの用語解説でした。それではいよいよ，4～6のステップ，フルマップに必要なスキルを説明していきましょう。説明のあとで，1枚フル・マインドマップを仕上げる実践ワークを行っていきます。

05-02 スキル：色を使いこなす

カラーペンと，ミニマップテンプレート，それにA3の白紙の紙を1枚ずつ準備ください。(38頁にマインドマップに必要なものを一覧で説明しています。)

【第4のステップ「色」を使いこなすにはルールは1つだけ】
マインドマップの学びの手順も後半戦です。第4のステップは色です。
色にはパワーがあります。ぜひ使いこなしてくださいね。

①色を使う唯一のルールは「使うこと」

マインドマップは，カラフルというイメージがありますよね。トニー・ブザンさんが，あるインタビューで答えています。

インタビューアー「色について基本ルールを教えてください。」

トニー・ブザンさん「使うことです。」

そう，使えばいいんです。色を使うだけで脳を活性化する働きがあります。特に子どもの場合には，これが顕著です。私も小学生向けの講座をやったことがありますが，紙とカラーペンを渡して，簡単に説明するだけ，子どもたちはあっという間に笑顔でかき始めます。

これは，色の力なんです。

色はなぜ必要なのか？

- 白黒だと飽きる⇒**集中力を継続**させる
- 色を変えて**区分**する。
  - 書く前にあらかじめ色を変える
    - 話題（メインブランチ）毎
    - 思考のプロセス毎
      発散⇒関連付け⇒収束
    - 意見の発信者（自分・他人）毎
  - 描いた後から**色でマーク**する
    - 重要なものを**目立たせる**
    - 事実と意見を**色分け**する
    - 色に意味を持たせる＝カラーコード

図5-4　色はなぜ必要なのか？

③２つのメリットを意識しよう

大人の場合は，なかなかそうはいきません。なぜ色を使うのか。どうして，白黒では駄目なのか。色を使う効果は何か。これを理解しないと，なかなか行動が変わらないんです。

色を使うメリットは，大きく２つあります。

１つは，白黒だと，集中力が続かないことが挙げられます。これは，皆さんも経験があるかも知れませんね。最近，書籍もフルカラーのものが増えているので，読み比べてみるとよくわかります。白黒の本は，最後まで読めなくても，カラフルな本は，読みやすいですよね。集中力が続くので，テーマを深く，広く考えることができる。また，ふだんだと思いつかない考えが浮かんだりする。この基礎になるのが集中力です。

もう１つは，機能面のメリットです。色を使うと，内容を「区分」することができるのです。かく前から色分けする場合と，後から色を塗るという２つのパターンがあるのですが，基本は「区分」です。

かく前からの場合は，マインドマップでよく使われる標準パターンです。ブランチ毎に色を分けてかいていく方法は，このパターンの色の機能を使います。この方法を使うと，ページの隅までびっちり埋まってきたときにも，内容がしっかり区分でき，わかりやすいというメリットがあります。

もう１つの方法が後からの色分けです。発散が終わった段階で，雲や矢印で関連付けするときに色を意識する方法です。さまざまな色で塗り分けることで，イメージが多層化して，とてもわかりやすい整理ができるようになります。

使い分けて，ぜひ効果を発揮してください。

05-03 スキル：イメージを使う

【第５のステップ「イメージ」の重要性を考えよう！】
マインドマップといえばイメージ！　この重要性を体感しましょう。第５のステップでは，イメージの活用のコツを扱います。

①イメージ≠絵：マインドマップで必要なのはイメージ

まず，最初にお断りしておかないといけないこと。それは，マインドマップには，「絵」は必要ないということです。マインドマップで必要なのは，頭の中のイメージを引っかけてきてくれるフック――これは単語であってもイメージであっても構いません。

絵であれば，似ているとか，うまいとか下手とか，苦手とか，いろんな評価が出てきますが，マインドマップに用いるイメージは，各自の頭の中にあるイメージを紙の上に写し取れればそれで十分です。

極端な話をすれば，３人で打ち合わせをしているというイメージで，一人ひとりに色を割り当てて，三色を塗り潰す。これが，自分の頭の中のイメージとうまく結びつくのであれば，十分にイメージとして成立します。

なので，絵ではなく，イメージだという前提で，気楽にかいてみていただければと思います。

②体感ワークに挑戦：あなたもイメージがかける！

イメージをかくことに苦手意識をもつ方もいらっしゃるかもしれません。私自身，絵心などは，まったくありませんが，マインドマップのイメージであれば自信があります。

それは，いくつかの原則を守るととても気楽にかけるようになります。安心して以下のワークに挑戦してみてくださいね。

まず「イメージショット」といわれる体感ワークをやってみましょう。A4の白紙を横向けにおいてください。そして，20個の単語を申し上げますので，順にイメージを紙にかいてみてください。ただし，１個について時間は３～５秒程度でかいてください。

多くの方が，「え～！」と言うのがこの説明の後です。実は，時間をかければかけるほど，イメージはかきにくくなります。さらっとかくのがポイントです。たとえば，リンゴを３秒でかいて，というのと，１時間でかいてというのでは，取り組み方が異なります。図5-6にあるように，上のリンゴが時間をかけてかくパターン，下のリンゴがほんの数秒でかけるパターンですが，下のリンゴで大丈夫です。気にせずどんどんかいてみましょう。くり返しになりますが，このイメージは，頭の中に浮かんだイメージを引き出すための「フック」にすぎないのです。だから気楽にいきましょう。

単語は図5-7の通りです。順に20個。しっかり時計をみながら短時間でどんどん進めてくださいね。悩まず，どんどん次へ！！（できれば，どなたかに3～5秒で1単語ずつ読み上げてもらうと，かきやすいと思います）。

イメージを描くコツ（前半）

1. すばやく＝**考えすぎない**＆思いつくまま

図 5-5　イメージを描くコツ①

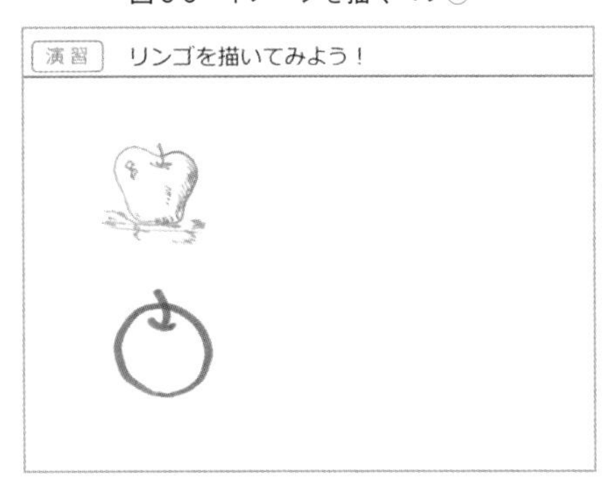

図 5-6　リンゴのイメージ

演習　イメージショット

- 単色（できれば青ペン）で描く
- 3秒で1つ
- 言語化しない／思いつくまま

りんご、にんじん、本、時計、太陽、笑顔、
靴、家、組織、課題、お正月、現金、
スケジュール、仕事、会話、ヒット商品、
解決力、愛、顧客満足、夢、目標

図 5-7　単語

ワークを実施

実際にしてみましたか？　講座でこのワークをすると，始める前は，「イメージをかくなんて無理！」とおっしゃっていた方が，ぽんぽんとかき始めます。特に前から3分の1ほどは鼻歌交じりです。すごい！　平均しても，半分以上はかけているようです。もちろん，どうしてもかくことのできない単語もあり，またスラスラかける単語もあります。

皆さんはいかがでしたか。それでは，イメージをかけるようになるためのカラクリを解説していきましょう。

③具体的・決める

イメージを使う際のコツですが，「すばやく，考えすぎない＆思いつくまま」というのを，ワークの前に説明しましたね。これが第1のコツです。

ワークをした方にお聞きしたいのは，どこまでがやさしくて，どこからが難しかったですかという点です。

そこで，リストをふりかえってみましょう。「りんご，にんじん……」。そうそう前半は簡単ですよね。「家」あたりまではさらさらかけたのではないでしょうか。一方で後半は，難問揃い。この違いはどこから来るかといえば，

イメージを描くコツ

1. すばやく描く＝**考えすぎない**＆思いつくまま
2. なるべく、**具体的に**イメージできる単語を選ぶ
3. 抽象的でも「**決めれば簡単**」
4. 1つより2つ、2つより3つで**複数で表す方がラク**

図 5-8 イメージを描くコツ②

そう前半は具体，後半は抽象なのです。具体的な単語は，イメージをかきやすい。当然のことですね。ただ，皆さんがわざわざ難しいテーマにしてしまうことがあるのです。まずは，なるべく具体的にイメージしやすい単語を選ぶ！　これが第２つのコツです。

さらにお聞きしますね。この抽象的な単語の中でも実は，100 人が 100 人，すぐにかく単語があります。どれでしょう。皆さん「やった！　これならかける」という感じで笑顔で，すぐにかき始めます。実は，とても抽象的なのですがさらさらかける。

それは何かといえば，「愛」です。例のハートマークをかくわけです。どうして？　決まっているからなんです。愛といえばハートマーク，ハートマークといえば愛。それ以外考えられないくらい。どうしてかけるの？　決まっているから以外の理由は特にないのです。

第３のコツは，「抽象的でも決めれば簡単」となります。たとえば，目標といったらこれ！とか，仕事といったらこれ！というふうに自分なりに決めてしまう。そうすればよいのです。実は悩んでいるのは，何をかくかという抽象的な単語の置き換え方であって，かき方ではないのです。

なので，マインドマップに慣れれば慣れるほど，自分の中にパターンができ，かけるようになります。もう一度くり返しますが，絵をかきたいのではないのです。頭の中のイメージを引き出すフックを作っているだけです。

④複数で表す

最後に，もう１つ質問をします。お正月をどうかきましたか？　よく出てくるのは「鏡餅」，それから，「門松」とか「しめ縄」，「羽子板」に「コマ回し」。いろいろ出てきます。そんなに難しくないですよね。ここで問題とな

図 5-9　お正月のイメージ

るのは，たとえば鏡餅をかいたとしても，お正月という答えは，かいた本人にしかわからない。もちろんそれでも良いのですが，少し間があくと本人でもわからないかもしれないというリスクがあるのです。

つまり，抽象度の高いものを具体的なものに置き換えて，その置き換えたイメージをかくという進め方だと，一方通行で元に戻れなくなってしまうことがあるのです。

そこで，複数のイメージを組み合わせることがポイントになります。図5-9では，正月という抽象度の高いものを，「鏡餅」「門松」「たこ揚げ」「羽子板」「コマ回し」の５つを少し重ね合わせて，一体感を持たせてかいています。これだと，お正月とすぐわかりますよね。

なので，第４のコツは，**複数で表す方がラク**ということになります。１つのイメージでかくことができれば，もちろんそれでも大丈夫です。苦しかったら，いくつかのイメージを組み合わせてしまうということです。

いかがでしたか。20個のイメージを短時間でかくことに挑戦していただきました。４つのコツを組み合わせて，ぜひ，イメージをたくさん載せたマップに挑戦してください。この後，実践ワークの中で，この４つのコツを使っていただきます。

05-04 スキル：BOI は気楽に

【第 6 のステップ「BOI」は大事だけど気楽にがコツ】
BOI については，注意が必要です。実は，BOI を真面目に捉えすぎると，マインドマップがかけなくなる方が出てきてしまいます。その理由と解決方法を解説していきます。

① BOI の重要性を考える

BOI（☞ 71 頁）とは，マップの基本構造を決める考えや意見のことです。これは本の目次やタイトルのようなものだと説明しました。ところが，このBOI は，マインドマップをかくうえで，もっともくせ者なのです。特に初心者が，このルールを真面目に守ろうとすると，思わぬ落とし穴にはまってしまいがちです。つまり，BOI が，マインドマップがかけなくなるようなブレーキとなってしまう可能性があります。

基本構造を決めるアイデア

- BOI: Basic Ordering Ideas
  マップの基本構造を決める考え・意見
- 最初に浮かんだ単語が、
  BOIにふさわしいとは限らない
- **BOIを工夫することで、より論理的にマップがかける**

図 5-10　BOI とは何か？

少し丁寧に説明をしていきましょう。

まず，BOI がなぜ重要かについて説明するために，図 5-11 をご覧ください。テーマは，「私の好きなモノ」です。

たとえばですが，好きなモノとしてリンゴが浮かんだので，ぱっとそのまま，第 1 ブランチに BOI としてリンゴを載せた。すると，リンゴのイメージがでてきたり，赤い，甘酸っぱい，引力などがマップ上に拡がるかも知れません。

リンゴが浮かんだ後，ちょっと考える。「リンゴと一緒にみかんが浮かん

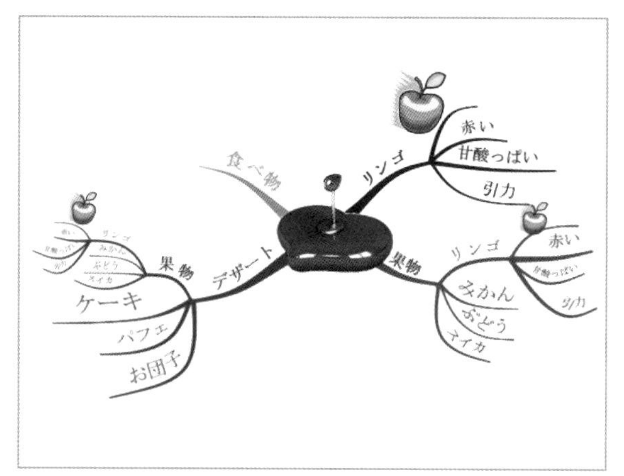

図 5-11　私の好きなモノ

できた。そうか，私が好きなのは果物かも」。ということでBOIには，果物を載せた。すると，先ほどのリンゴの他にも，みかん，ぶどう，スイカなどが出てきます。

「いやいや，果物は食後に食べるから，私が好きなのはよく考えたらデザートなんだ」。BOIにデザートを載せる。すると，また拡がり方が変わります。ケーキやパフェ，お団子などが拡がってくるかも知れません。

では，BOIを食べ物にしたら。ちょっと想像してみてください。どんなふうに拡がっていくでしょうか。すごいことになりそうですね。

このミニワークでおわかりのように，BOIを変えるとマップの性質自体が変わってきます。つまり，BOIはそんな重要な役割を果たしているのです。

②コツはちょっと考える：ただそれだけ

気をつけておきたいことは，抽象度の高いものを載せればよいというのとも異なるということです。

たとえば，リンゴと浮かんだ後に，いやいや，私はリンゴ全般が好きなのではなくて，紅玉（こうぎょく）という品種が好きなんだ。アメリカ原産で，小さくて酸っぱくて，アップルパイに合うんだよね……というふうに考えが進むのであれば，BOIは「紅玉」になります。

すなわち，コツはちょっと考えて最適なものを探すということになります。

③ブレーキになるリスクを認識しよう

ここで気をつけないといけないことは，BOIがマインドマップのブレーキになるリスクです。マインドマップ初心者の皆さんにとっては要注意です。なぜなら，マインドマップを拡げる際に，実は2つの矛盾したことを同時にお願いしているからです。

ここまで，マインドマップについて説明してきたことを振り返ってみましょう。マインドマップは，自由に何をかいてもよい。頭の中で起こっていることを，紙の上にどんどん写し取ろう！　これが，マインドマップの基本条件でした。

ところが，BOIはこれと矛盾した要素を含んでいるのです。本の目次やタイトルであれば，きちんと整理して，しっかり考えから出さないと，第1階層に単語が載せられなくなってしまいますよね。つまりBOIを意識すると，考えが引き出せなくなる方が出てきてしまうのです。まさに二律背反といえます。

もちろん，自分が考え慣れた話題であったり，マインドマップに慣れてくれば，頭の中で起こっていることからBOIを選び，さらに，その上で考えていることをどんどんマップ上に載せていくことは可能です。しかし，マインドマップの経験レベルやテーマによっても異なりますが，どうしても引っかかってしまう方も多いのが事実です。実際，講座に参加されている方でも，マインドマップにつまずいた方の一定数は，BOIが原因だといいます。「BOIがうまくいかない。BOIが使いこなせない」という方が多いのです。

④解決策はシンプル！：2枚のマップに分けてしまおう

この乗り越え方は，実はとても簡単です。まず1枚，ミニマップを作ります。そのマップ上では，何を載せても大丈夫――どんどんとかき加えていきます。ここではBOIをまったく意識しません。その上で，2枚目のマップをフル・マインドマップにしてみましょう。ミニマップの中から，BOIを選んでいくのです。BOIをかき終わったら，また自由に発散していきます。この手法がお勧めです。つまり，二律背反をプロセスで前後に明確に分けてしまうというわけです。

実はこの方法は，セントラル・イメージがうまくかけないという方にも，お勧めの方法です。まずミニマップでかき出したものから，先ほどのイメージの4つのルールに合う内容を選び出すわけです。

それでは，次節で，実際に実践ワークをしながら，作り方の手順を学んで行きましょう。

05-05 実践ワーク：フル・マインドマップを仕上げる

ここまでの説明で，6つめのステップまで説明しました。フルスペックのマインドマップをかくためのスキルは，すべて揃いました。さて，いよいよ次の章では，実際にかいていただきながら，練習をしていきましょう。

【自分の中からかき始めるのがお勧め：初心者のテーマ選び】
マインドマップの使い方は，大きく３種類あります。まずは自分の頭の中で考えていることをかき出すところから始めましょう。

①マインドマップは１つではない：使い方のバリエーション

さて，マインドマップのかき方のスキルについては，前の章まででほぼ説明が終わりました。ここからは実践編です。

実際にかき方の手順を説明しながら進めていきます。ミニマップテンプレートとA3の紙をそれぞれ1枚，それにカラーペンを準備しておいてください。

さて，実際の作成ワークに入っていく前に，1つ説明しておくことがあります。マインドマップは1つではないということです。

トニー・ブザンさんの書籍では，「ノートメイキング」と「ノートテイキング」と説明されているのですが，私は用途別に3つに分けて説明するほうが実践的でわかりやすいように感じます。

まず，自分の中から思考を引き出す使い方です（今回のここまでの説明では，この方法を意識して説明してきました。フル・マインドマップの実践手法として，こ

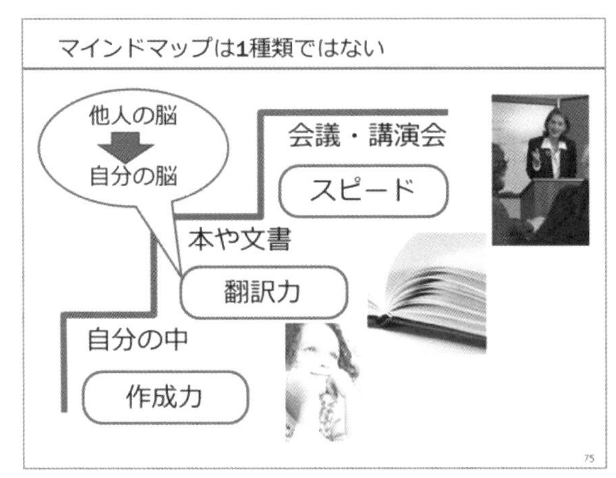

図5-12　マインドマップは１つではない

の後詳しく，手順を説明します)。自分の考えをかき写すという手法は，他の方法ではなかなかできない部分もあり，ぜひ活用して欲しい方法です。また，一番やさしいので，マインドマップ初心者にはお勧めです。

次の使い方が，本や文書の中身をまとめるという方法です。この場合には，他の人の考えの中から自分なりのキーワードを見つけ出す必要があります。そのため，自分の中の考えを引き出すよりも，理解や解釈のステージが加わるため，難しく感じられるようです。

最後に，会議の議事録や講演会の講演録・授業の講義録などです。この方法は，ある程度スピードが早くないと，内容に追いついていけないこともありますので，少し慣れてから挑戦されることをお勧めします。

ただし，一般論としてはこういう順番で難易度が変わるのですが，人によっては，会議の議事録が得意とか，本をまとめるのが一番簡単という場合もあります。まずは，自分の中から思考を引き出す方法を試して，そのあと，いろいろと試してみるのもお勧めです。ニーズに合わせて使い方を考えていきましょう。

【実践ワークの進め方】
自己紹介のワークを通じて，マインドマップのかき方を実践しよう。

②フル・マインドマップの下準備：まずはミニマップを1枚

それでは，3種類のマップのうち，「自分の中から」についてやってみましょう。テーマは，自己紹介です。実用性が高くて，しかも書籍で調べたりすることなく，自分の考えているとおりにかけるので，とても使いやすいテーマです。

「自己紹介するシーンはあまりないよ」という方は，「私の好きなモノ」がお勧めです。ただ，説明の都合上，以下は自己紹介で進めていきます。実際に一緒にかいてみてくださいね。

準備するものは，ミニマップテンプレート1枚，A3の白紙，それからカラーペン。あと1つは何でしたか？　最初の方でお話ししましたね。そう皆さん自身の「脳」と「創造性」でしたね。

まずは，ミニマップテンプレートの中央の丸の中にテーマをかきましょう。今回は自己紹介ですので，ご自身の氏名を書いてみてください。思いつくまま，周りの10本のブランチの上に，単語を載せていきます。

それでは2分間でワークスタートです。

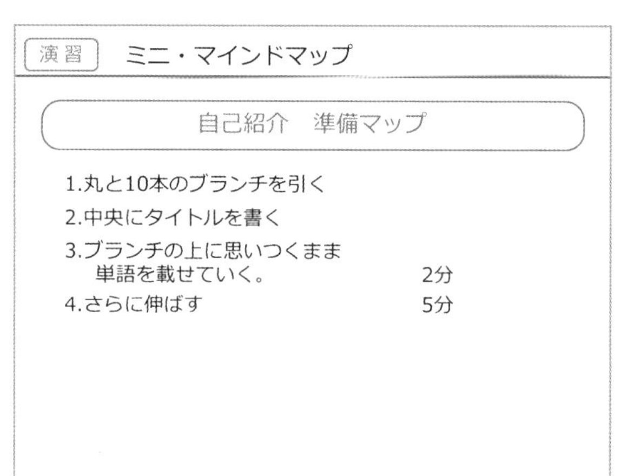

図5-13　自己紹介の準備マップ

ワークを実施

いかがでしたか。なるべく8個から10個くらいの単語がブランチ上に載せられていると良いですね。少し時間が長くなっても構いませんが，思いついたものは，何をかいても結構です。スピードも重要ですから，まず，かいてみましょう。

続いて，第2階層以降にも拡げて行きます。5分間で，目標単語数は30個です。単語の代わりに，イメージやアイコンを使っても構いません。ではスタート！

ワークを実施

あれ？　フル・マインドマップをかくのではなかったのかと思った方，正解です。ここまではフル・マインドマップを作るための下準備。もちろん慣れてくればこの下準備は不要となるのですが，実用的には，ぜひミニマップをかいてからフルマップを書いてみることをお勧めします。

③セントラル・イメージをかく手順：ミニマップを活用する

次に，ミニマップテンプレートを少し前に押し出して，手前にA3の白紙を置いてください。視野に両方が入るように置くのがコツです。

ここから，フルマップのセントラル・イメージをかいていきます。先ほど，抽象的なものをかくには，どうすればよいかをお話ししました。まさに，自己紹介のセントラル・イメージは，抽象度が高いテーマですよね。しかも，

セントラルイメージの描き方
1. ミニマップでキーワードを探す できるだけ**具体的なものを3個**くらい 2. これらのイメージを、**すこし重ね合わせて**描く

図 5-14　セントラルイメージの描き方

趣味や仕事を表すイメージを1つかいたところで，自分のことだとは，なかなかわからない。

イメージのところでは，「かきやすいものを3個程度選んで，少し重ねて一体感を持ってかく」というコツを説明しました。セントラル・イメージも同じなのですが，ただ，何もないところからどの3つを選ぶかということは，結構たいへんです。そこで，このセントラル・イメージを作る際に，ミニマップでかき出した単語を活用しましょう。

先ほどかいていただいたミニマップをご覧ください。その中で，以下のことに注意してセントラル・イメージをかいてみてください。

> [1]：イメージになりやすい具体的なものを3つ程度選び印をつける
> [2]：選んだものを，少し重ねて一体感があるようにする
> [3]：3色以上でカラフルにする

場所は，紙の真ん中。大きさは，握り拳くらいを目安にしてください。そうそう，再確認。用語説明でお話しした，「枠で囲まない／一体感を持って」もちょっと意識してかいてみましょう。

では，手順に沿って，実際にやってみましょう。5分間のワークです。

ワークを実施

いかがだったでしょう。実はこのセントラル・イメージのワーク，絵が嫌いという方であっても，とても多くの方が楽しみながらかいています。もう一度確認しておきます。マインドマップで必要なのは，絵ではありません。

イメージです。

④ブランチのかき方とBOIを決める

次は，メイン・ブランチを引いて，そしてBOIを載せるというステップに進んでいきます。

ここでのポイントは，(1) ブランチは木の枝のように，根元が太く，先が細いという形 (2) BOIはミニマップを見ながら考えるの2つ。

まず，ブランチのかき方は，自由に行っても大丈夫なのですが，最初のうちは自由といわれてもどうかいて良いか困るケースもあるでしょう。そんな方のために，サンプルを用意しました。1つの標準の形ですので，こちらを参考にかいてみてください。ただし，慣れてきたら自由にかいても大丈夫です。

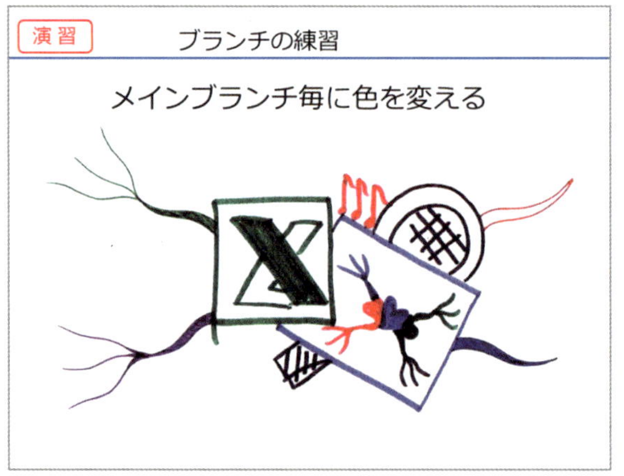

図5-15　ブランチのかき方

BOIについては，最初のうちは，あまり考えすぎないでくださいね。コツは最初に浮かんだ単語ではなくて，もっと適切なものはないかと考えることでしたね。自己紹介では，学歴とか職歴とか趣味とか，決まった形にこだわらず，「自分が伝えたいことはなに？」という観点で，ミニマップから単語を選んだり，ミニマップの単語をまとめたりしてみてください。

メイン・ブランチやサブ・ブランチに載せるものは，単語でも，イメージでも大丈夫です。フルマップでは，イメージをたくさん使っているものが，効果が高いとされていますので，ぜひぜひ，いろいろ挑戦してみてください。

それでは，ミニマップを見ながら，BOIにしたい単語を選んだら，ワークスタートです。ここも5分間でやってみましょう。ではどうぞ。

ワークを実施

いかがでしたか。ここまででセントラル・イメージとメイン・ブランチ，BOIが仮に決まりました。実は，ここで仮にと言ったのは，この後の発散のなかで新しいBOIが見つかったら，遠慮なく加えても良いという意味です。マインドマップは，かきながらどんどん修正していくものなのです。そのために，BOIをかき終わった時点で，空(から)のメイン・ブランチを一本残しておくことをお勧めします。

⑤どんどん拡げる：思いつくままたくさんの単語を載せる

ここからは，発散の時間です。ともかくたくさんの単語やイメージをブランチ上に載せていきます。基本ルールをおさらいしておきますと，「ブランチが先，単語が後」。単語やイメージが途切れたら，空のブランチをどんどん引いておきましょう。かき終わった時点で空ブランチが残っていても，全然構いません。もうミニマップで経験した方法です。思いつくまま，どんどん載せていきます。

ここで注意事項があります。セントラル・イメージやBOIは，この時点で追加しても大丈夫です。先ほど，仮に決まりましたと申し上げたのは，そういう意味です。また，ブランチの色は，1本のブランチの中では同じ色，文字もブランチと同じ色でかくのが標準的なかき方です。できあがったときに，よく「区分」されて見やすくなっているはずです。

最初に思いついたBOIよりも，発散途中で出てきた新しいBOIが，結局一番重要だったということも，受講生からよくお伺いするコメントです。「あとから出てきたBOIでマップが変わった！」というケースはとても多いのです。

これはブレーンストーミングの技法でもよく言われることなのですが，最初に思いつくものは普通のものが多くて，ちょっとよそ行きだったり，型にはまったものが多かったりするのに対して，出し切った後で出てくるものには，本質的なものが多いと言われています（先日アイディア発想の専門家にお話ししたら，その通りですと同意していただきました）。ぜひ，途中から思いついたものも，気軽にBOIに加えてみてください。

また，ブランチの上に載せるものは，単語だけではありません。そうです。イメージをどんどん使ってみてください。マークやアイコンでも大丈夫です。

発散時間は15分。それではどうぞ！

演習	フル・マインドマップ
	自己紹介をマインドマップで
1.セントラル・イメージ	5分
2.メイン・ブランチ	2分
3.第1階層を描く＝BOI（単語・イメージ）	3分
4.さらに拡げる（単語・イメージ）	15分

図5-16　フル・マインドマップ

ワークを実施

ちなみに時間ですが，最初はまず15分で設定して，その後，まだ時間が欲しい場合には，5分ずつ伸ばしていくことをお勧めします。これはタイムプレッシャーといって，時間制限を設けた方が集中力を高める効果が期待できるからです。

⑥仕上げの段階では全体を見る／絞る

いよいよ，フル・マインドマップの仕上げです。

そのまえに，単語数の確認です。ここまで25分かけて進めてきましたが，単語の数はどうでしょうか。できる限りたくさん載っている方が，仕上げの効果が高いです。単語数の目安としては，30個が最低ラインでしょう。60個から100個というケースもあるかも知れません。

この単語の数を考えると，A4では小さすぎるのです。今回わざわざA3を準備いただいたのはこのためです。だんだん周りの空白が埋まってくると，終わった感が出てきてしまって，十分に発散ができなくなってしまうのです。フル・マインドマップをかく際には，なるべく大きな紙を使うことをお勧めします。

さて，仕上げの方法は，ミニマップの時とまったく同じです。

[1] まず，**関連付け**（グルーピングとつなぐ）
[2] 次に，**大事そうなものを強調**
[3] 最後に，**優先度付け**

時間も5分間で一気にやっていきましょう。では，ワークスタートです。

ワークを実施

おめでとうございます。皆さん自身の最初のフル・マインドマップが完成しました。いかがでしたか。

せっかくなので，紙の余白，できれば右下に日付とサインを入れておきましょう。

【実践ワークを終えて】
実践ワークお疲れ様でした！　楽しんでいただけましたか。実際のワーク内容を受けて，いくつか追加で補足の説明をします。

⑦フル・マインドマップの効果を考える

さて，この実践ワークの中で，ミニマップを一枚，フル・マインドマップを一枚作ったわけですが，いかがだったでしょうか。ミニマップは12分程度，フルマップは30分以上の時間をかけて作ることになります。両者にどのような違いがあるでしょうか。

答えは人によってさまざまですが，私自身は，集中が続く時間にあると考えています。ミニマップの場合，15～30分が限度で，脳が飽きてきます。それに対し，カラフルでイメージがたくさん使われているフル・マインドマップの場合，この集中できる時間が，1時間半や2時間くらいまで伸ばすこ

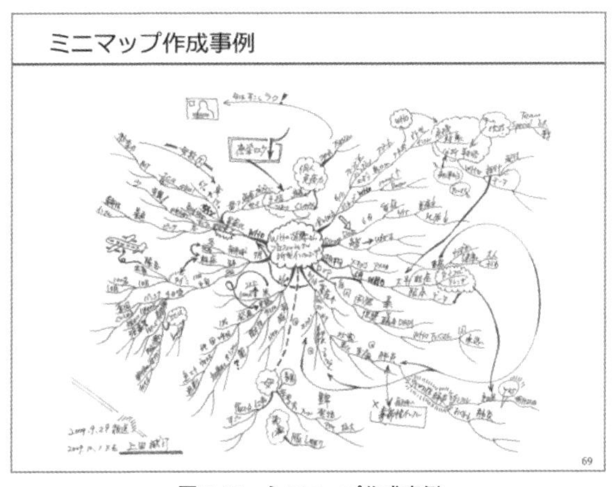

図5-17　ミニマップ作成事例

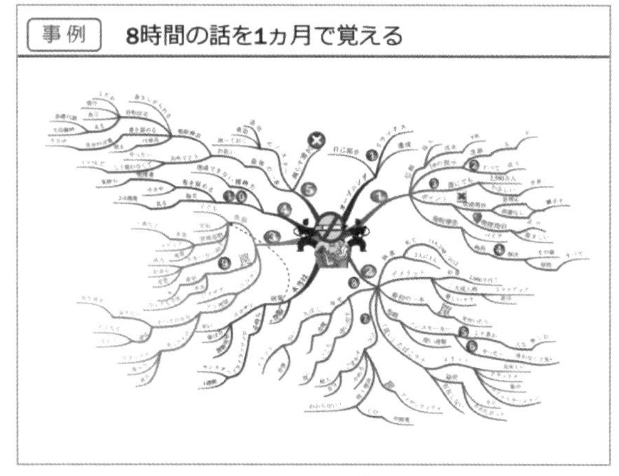

図 5-18　フルマップ作成事例

とができるのです。

しかも，この集中している状態が，「リラックスしながら集中している」という，ちょっとふだんの職場や学校では体験しづらい不思議な状態になります。1つのテーマについて考え続けているのに，緊張しないで，自由に考えが拡げられる状態が続くのです。色やイメージを使うことで，また，通常使っていない頭の部分も広く使うことで，発想が広がったり，アイディアが出やすくなったりするという方も多いです。また，講座では，30分のワークがあっという間だったと感じる方が大多数です。皆さんはいかがでしたか。

この状態が作り出せるのが，マインドマップの特長なのです。脳にやさしい，脳の働きに沿った自然な思考ツール――それがマインドマップなのです。なかでもフル・マインドマップは，脳の機能をフル活用するので，楽しみながら自然に頭が働いてしまうという感覚がつかみやすいのです。ぜひ，色やイメージをいやがらずに，フル・マインドマップに何度も挑戦してみてください。

⑧整理やロジカルに考えることに効果はあるか？

ここまでのワークで，思いつくままたくさんの内容を見える化するという部分に集中してお伝えしてしてきました。組合せの数も多くなりますので，その中にこれまで考えていなかったアイディアが生まれる可能性が高まる。これは，体験してみると容易におわかりいただけることと思います。でももう1つの側面，マインドマップは整理をサポートするということを，よく書籍などでもいわれるのですが，どう考えたら良いでしょうか。

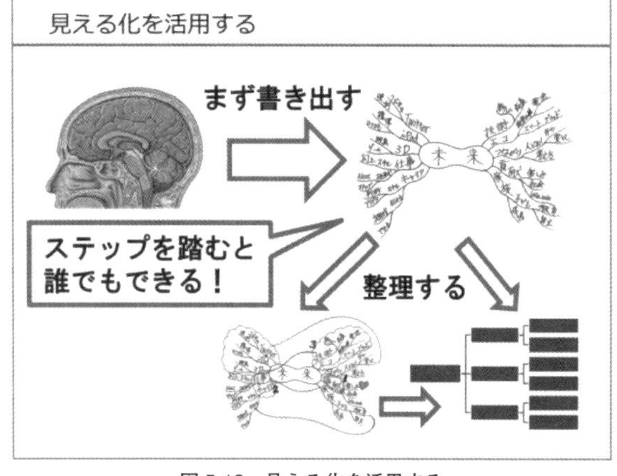

図 5-19　見える化を活用する

ポイントは，まずいろいろな考えを見える化して，「全体を見ながら」考えることができることです。

どういうことかといえば，「見える化」することで，作業記憶の壁を簡単に乗り越えられる。復習しておきましょう。作業記憶というのは，前半で学びましたね。そうそう7プラスマイナス2というあれです。

私たちが，プロセスごとたくさんの単語をかき出さない状態で，頭の中に捉えておけるデータの量は，5個から9個しかないと説明しましたね。この壁を乗り越えて，たくさんの情報の中から，法則性を発見したり，グルーピングをしたり，ストーリーを見つけたりすることができる。これがマインドマップの力です。

5～9個の中よりも，30個，50個の考えの中から見つける方が法則性は見つけやすい。分類すると，より網羅性が高くなります。たくさんの中から，ロジカルな構造を作れるというわけです。

ただし，注意して欲しいことは，1枚目のマップから整理をしようとしないことです。先ほどのBOIの説明でお話しした二律背反が，ここでも起きてしまいます。だからまず，1枚目はミニマップで，全部思いついたものをプロセスごとかき出してから，2枚目以降のマップで整理する。この方法がお勧めです。

この際に，BOIをしっかり意識してかき出すことには，とても意味があります。場合によっては，第二階層までロジカルに考えても良いかも知れません。何枚かのマップをかきながら組み立てていくのが良いでしょう。

さらに，1枚目，2枚目でたくさん考えていることをかき出して，一覧で見える化ができたら，通常のロジカルツールを使うこともお勧めです。ロジックツリーや，既存のフレームワークを活用するのです。6W3Hとか，SWOT，3C，4P，5フォースなどビジネスフレームワークに，ミニマップを見ながら埋め込んで行くわけです。この方法は，ロジカルシンキングが得意な方にお勧めです。

そういう意味では，マインドマップはロジカルに整理をするツールというよりも，整理の前段階として情報を一覧にする機能が強く，ロジカルに整理するツールとしても使えるというくらいの認識が近いかも知れません。

ロジカルシンキングや，既存のロジカルルールが苦手という方は，複数のマインドマップで整理するということにも，ぜひ挑戦してみてください。新たな発見があるのではないでしょうか。

⑨テーマの決め方

マインドマップ初心者の皆様が悩むのは，どんなテーマでマインドマップの練習をすれば良いのだろうという点かもしれません。自分の中から考えるといわれてもどうしてよいかわからないという方も多いようです。ヒントになるのは，楽しいテーマであることです。

たとえば，「私の好きなモノ」というテーマであれば，ほぼ間違いなく楽しくなりますよね。さらに出てきた好きなモノのうち，優先度1番のものについて，もう一枚かいてみる。たとえば，「私の好きなサッカーについて」とか，「私の好きな歌手　○○について」という具合です。

私の持っているスキルとか，今後なりたい姿とか，夢とか――ともかくポジティブに考えられることで練習をすると良いと思います。かけばかくほど楽しくなってくるはずです。そんな内容を数枚かくと，楽しくマインドマップのかき方を学ぶことができると思います。

マインドマップは，あくまでツールです。少し慣れるとさらに使いやすくなります。自転車に乗るのと同じです。今回，こういう形でマインドマップにせっかく出会ったのですから，少し練習をしてみましょう。枚数の目安は20枚くらいでしょうか。

【コラム】実際に自己紹介をしてみよう

この実践ワークが終わると，講座では必ず，実際にプレゼンというか自己紹介をしていただきます。自己紹介というテーマが良いのは，実際にプレゼンをするチャンスが多いことなのです。

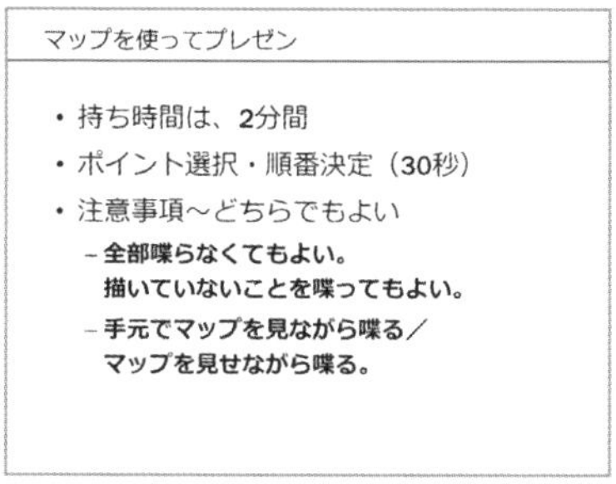

通常の自己紹介と，マインドマップを見ながらする自己紹介の違いをぜひ感じてみて欲しいのです。通常，自己紹介といえば，「どこどこ高校卒業とか，こんなことを学んでいるとか，こんな仕事をしています」という普通のことが多いのですが，マインドマップを見て，ちょっと変わった自己紹介に挑戦です。

マップを使ってプレゼン

- 持ち時間は、2分間
- ポイント選択・順番決定（30秒）
- 注意事項～どちらでもよい
  - 全部喋らなくてもよい。描いていないことを喋ってもよい。
  - 手元でマップを見ながら喋る／マップを見せながら喋る。

図 5-20　マップを使ってプレゼン

たとえば，私はこんなことが好きですとか，出身地の自慢はこういうことですとか，また家族はこんな感じですなど，マップに書いてあることから，一番自分が伝えたいことを伝えて欲しいのです。

目安として，時間は2分間。まず30秒くらいで，どこをしゃべるか考えて，2分間の自己紹介をしていただきます。その際の注意事項は，全部しゃべらなくてもいいですし，思いついたら，他のことをしゃべっても大丈夫。また，マップは相手に見せても，見せなくても大丈夫です。自分なりにあった方法を見つけてみてください。

ぜひ，だれか近くの人を捕まえて，自己紹介にチャレンジしてみてください！

05-06 マインドマップの実践活用のヒント

【ビジネスや学習でマインドマップを活用する】
第５節の冒頭（☞ 82 頁）で，マインドマップには３種類あるというお話しをしましたが，ここからは，本を読んだり，議事録を書いたりする場合の，進め方の注意事項などを押さえていきます。マインドマップを活用するヒントについてもお話ししたいと思います。

①書籍からマインドマップを作る：キーワードに集中しよう

社会人の方でも学生の方でも，本の内容をまとめるというケースはたくさんあることと思います。この際にも，マインドマップはとても有効に活用できます。

本の内容をまとめるとき，他の人の考えを自分なりに理解する「翻訳」作業が必要になります。そして，マップを作る際に鍵となるのは，キーワードを絞ることです。文書を読んでいると，どうしてもたくさんの文章をマップに載せたくなります。ここであえて，キーワードだけに絞って載せてみて欲しいのです。ここが，自分の頭の中からかき出す時との違いです。

最初の「未来のワーク」でお話ししたように，自分の中の考えは，記憶のフックとなる単語やイメージさえあれば，呼び出すことができます。しかも，本の場合は，既に文章の内容や文意は紙に記録されているわけです。そのため，たくさんの単語を拾うことよりも，キーワードを選ぶことに集中することをお勧めします。たくさんの単語を拾いすぎてしまうと，全体俯瞰ができにくくなるため，ポイントが絞りにくくなってしまうのです。

②文章理解を助ける「見える化」の力

マインドマップに本の内容をまとめると，どんなメリットがあるのでしょうか。ずばりいえば内容に対する理解力が上がります。

そもそも文章を理解するということは，マインドマップによる見える化を行わないと，ほとんどブラックボックスです。なぜかといえば，本を読み，理解した結果出てくるのは，再構成された発言や文章です。入力から出力の間が理解なわけですが，実際に何が起こっているのかが，なかなかわかりません。

マインドマップというキーワードを用いた見える化ツールを用いることで，

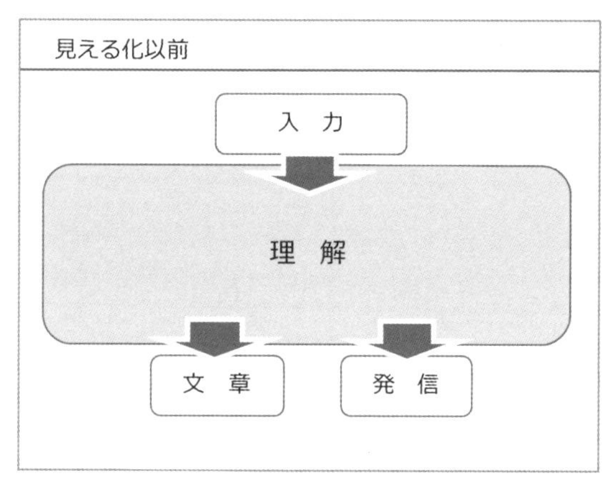

図 5-21　見える化以前

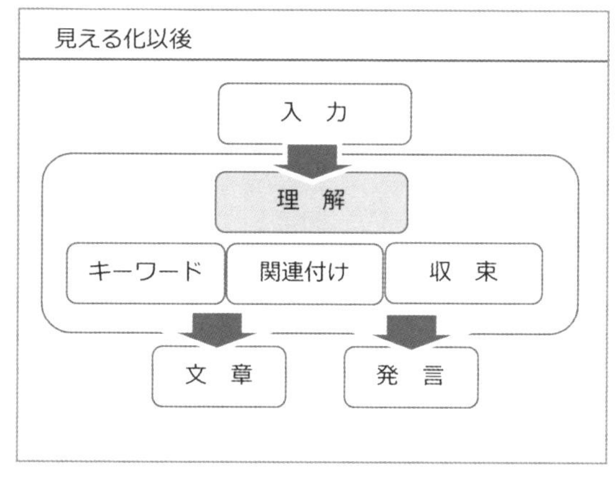

図 5-22　見える化以後

全部ではありませんが，一部でも理解する「プロセス」を見える化することができるようになります。拾い出したキーワードを見直して，仕上げのプロセスをやってみてください。全体を俯瞰しながら，関連付けをして，大事なポイントを絞ったり，より深く理解したりことができます。マップの内容を見ることで，自分自身がどの程度理解できているかがわかるというメリットもあります。

理解に至るプロセスがわかることで，他の本から新しい意見を加えたり，自分の見解を加えたり，わからない部分を見つけ出したりということが，できるようになります。

③実際にまとめる際の注意事項

書籍のまとめでは，自分なりにキーワードを選び出すのがポイントです。これに慣れないと，はじめのうちはなかなか難しく感じるかもしれません。挑戦してみたけれどうまくいかなかったという場合には，以下の方法を試してみましょう。

[1]：まず本の目次などから重要と思われる10ページほどを決めます。
[2]：その部分を精読して，マップ化します。
[3]：再度最初から本に目を通して，今度は別のマップに，キーワードだけを拾います。

マップができあがって，[2] で満足してしまえば，ここで止めてしまっても大丈夫です。

お勧めの理由は，鍵になるまたは気になる部分を精読することにマインドマップを使う方が，効果が感じやすく，また満足度が高いからなのです。

④議事録・講演録でリアルタイムに記録する

議事録・講義録も，マインドマップを使いたいという方がとても多い用途の1つです。会社の会議にゼミ，勉強会・講演会など，リアルタイムで記録ができて，あとからきちんと振り返ることができると良いと思いませんか。

この使い方には，本の場合と同様に相手の話を理解し，自分の言葉に直して，キーワードを絞り込む「翻訳力」が必要です。またマップの作成スピードも要求されます。

マインドマップを使う効果としては，会議や講演会の終了後，全体が見えることによって理解を促進するという力があります。また，仕上げのステップを5分ほど加えるだけで，忘れにくくなり，まとめの文章が作りやすくなります。

文章を書かなくても良いので，通常の議事録よりもたくさんのキーワードを，リアルタイムで拾い出すことができます。ブランチと関連付けをうまく使うことで，キーワード同士の関連性が明確になります。通常の文章型の議事録に較べると，理解した内容を文章に直してかき出すという負担がない分，早くかき取ることができるのです。

ここでも，関連付け，強調，優先度付けの仕上げのプロセスは大活躍します。できれば，会議や講演会終了後，なるべく早いタイミングで5分間でも良いので確保してください。

この3つのプロセスを行うことによって，会議や講演のポイントが明確になり，理解が促され，内容をよりいっそう記憶に留めることができるのです。

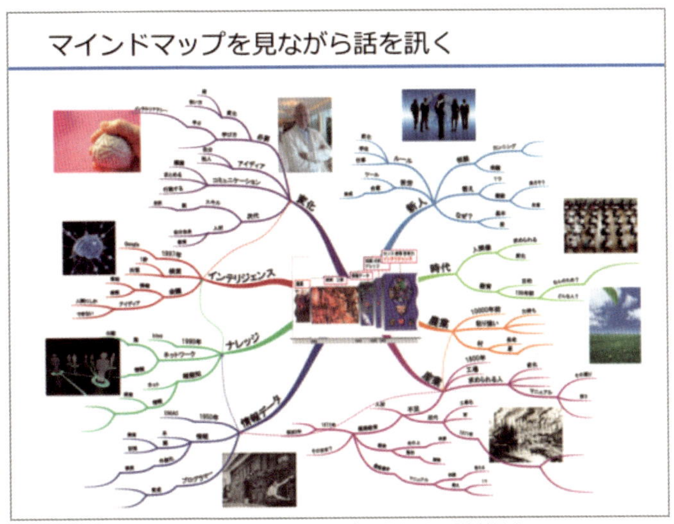

図 5-23　マインドマップを見ながら話を訊く

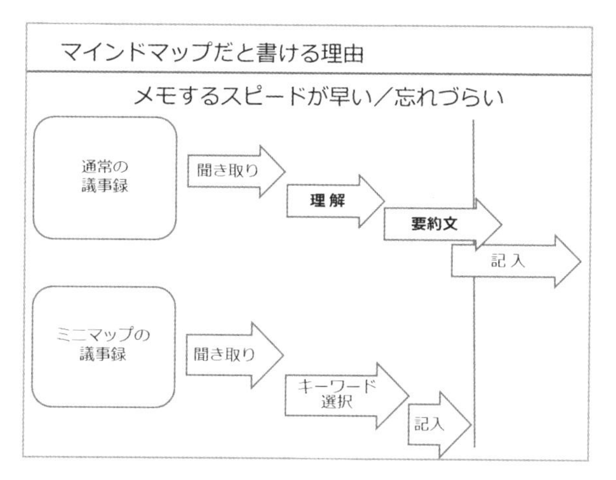

図 5-24　マインドマップだとかける理由

⑤議事録・講演録作成のトレーニングと活用方法

議事録を取れるようにするには，コツというよりトレーニングが必要です。すぐにできてしまう方もいらっしゃいますが，逆に苦労される方も多いのです。通常のマップをかいて，かき方になれることも重要ですが，スピードをアップさせるトレーニングをしてみましょう。

お勧めなのが，ビデオを使う方法です。ビジネス系の番組や対談番組を録画して，マインドマップにしていくトレーニングです。これですと，あらかじめ内容が整理・編集されているというメリットもありますし，また，ポーズや巻き戻しができるので，マインドマップ作成の訓練になります。

ちなみに，ワイドショーのような番組をやってみると，よくわかりますが，キーワードがほとんどないというケースもありますので，いろいろな番組で試してみてください。

また，このマインドマップがあれば，そのまま上司に口頭で報告することもできますし，議事録フォーマットにあわせて，文章に書き起こしたり，マインドマップにもう一度かき直してみることも可能です。

いったんとったノートもそのままにせず，もう一歩進んで展開しておきたいところです。

⑥プレゼンテーションの準備のための２枚のマインドマップ

ここでは，マップでまとめて，口頭で話をするという使い方をご紹介しましたが，もう１つ大事な使い方が，プレゼンの準備です。私も研修の講師をする準備に，マインドマップを活用しています。例えば，パワーポイントを作り始める前の構想段階で１枚，パワーポイントができあがった後に，どう

議事マップからの次への展開

- 直接 口頭で話をする
  - 相手にあわせて内容を変える
  - ポイントを漏らさない
- 文章に書き起こす
  - 論理構造を組み立てる
- マップの描き直し
  - ミニマップをもう一度（より論理的に）
  - フルマップに展開（イメージ・色・基本アイデア（BOI））

図 5-25 議事マップから次への展開

話すかを考えるときに１枚，この２枚のマップが，皆さんのプレゼンテーションの質を変えてくれます。

最初のマップは，発散を中心として考えます。プレゼンしたいテーマに関連することなら何でも大丈夫という位の気持ちで，どんどんかき出して行きます。そして，かきだした内容を矢印でつないで，ストーリーの骨子を決めてみましょう。

つづいて，パワーポイント作成。その後に，もう一枚マップをかきます。今度は，発表のシーンを強く意識して，どの順番で語るかを軸にマップ化していきます。

これらの２枚のマップを作ることで，ストーリーに厚みが出て，しかも伝わりやすい形で整理されたプレゼンが可能です。ぜひ，二枚のマインドマップと共に，プレゼンの準備に活用してみてください。お勧めです。

⑦チームで見える化する基本のメリット

【チームでのマインドマップ活用のヒント】
会議の進行に活用したり，チームの方向性をあわせる合意形成に用いたり，個人からチームに，マインドマップの使い方は，拡張ができます。

本項では個人からチームへと考えを見える化することで，共有できるメリットをご紹介します。

従来から個人で見える化しているモノが，メモや文章だとすると，チームで見える化しているモノは，会議などのホワイトボードや，プロジェクターで投影されるパワーポイントということになります。ホワイトボードには，マインドマップを手がきすることが可能ですし，パソコンであれば iMindMap などのソフトを使うという選択肢もあります。

スピードの速さ，柔軟性，導入・活用の容易さを考えると，ホワイトボードということになるでしょうか。

これには以下の2つのメリットがあります。

[1]：チームの考えをリアルタイムで共有する
[2]：共有したモノをベースにさらに発展していくことができる

多くの会議や打ち合わせで，適切に見える化をされていないために議論が迷走したり，本題から離れたりするいわゆる「空中戦」を防ぐことができるのです。

⑧マインドマップを使って考えを共有する

「会議の場でマインドマップを使おうとすると，参加者全員がマインドマップを知らないといけないではないか」。というご質問を受けることがあります。これはもちろん理想かも知れませんが，現実的ではありません。そこで，2つのアプローチをご提案します。

1つは，マインドマップをかける人が，ホワイトボードの前でマップをかきながら進行するという方法です。私自身が開発にも関与しました「視覚会議®」という手法が，この一例ですが，すでにさまざまな企業で導入され，活用いただいています[1)]。

ホワイトボードで，マップをかきながら会議を進行するのは，特に難しい要素はありませんので，気軽に挑戦してみてください。自由にアイディアが拡がり，そのアイディア同士の関係性が見えて，しかも皆が考え続けてくれる場を簡単に創り出すことができます。

ポイントは，リアルタイムに見える化し，共有することで，考えが深まっていくことにあります。

⑨「見える化」による少人数での考えの事前共有

もう1つのアプローチは，最初にご紹介した「未来のワーク」の活用です。4名から8名くらいの会議や打ち合わせで効果を発揮します。

1）視覚会議は，株式会社ラーニングプロセスの登録商標です。

[1]：ミニマップテンプレートを一人一枚配り，中央に会議のテーマを記入します。
[2]：2～5分程度で思いついた単語をかき出していただきます。
[3]：その内容を見せ合いながら，3～5分程度フリーディスカッションを行います。
[4]：通常の会議に入ります。

この方法の場合，マインドマップを特に意識してもらう必要はなく，単語をかくというルールで，かき出してディスカッションするだけです。いわば，会議の前段階，準備作業として活用します。会議の冒頭の5～10分間で，お互いのとらえ方をざっと共有するのです。

この方法をとると，同じテーマに対して，各人のとらえ方が異なることがわかります。未来のワーク同様，異なることは良いことなのですが，会議のテーマに関しては，ある程度方向性が揃っていないと，議論がとんでもない方向に行ってしまうリスクがあるのです。1時間議論した後で気付くのではなく，冒頭に見える化を用いて短時間で，テーマの意味や，意識すべき視点を共有し，ある程度方向性を揃えてから議論に入る。これが見える化による共有の効果なのです。

実践的な使い方やヒントをいくつかご紹介してきました。マインドマップは，おおきく4つの使い方があると36頁で紹介しましたが，細かく分けていくと，もっとさまざまな使い方が考えられると思います。

ぜひいろいろと試して，自分なりの使い方を見つけてみてください。

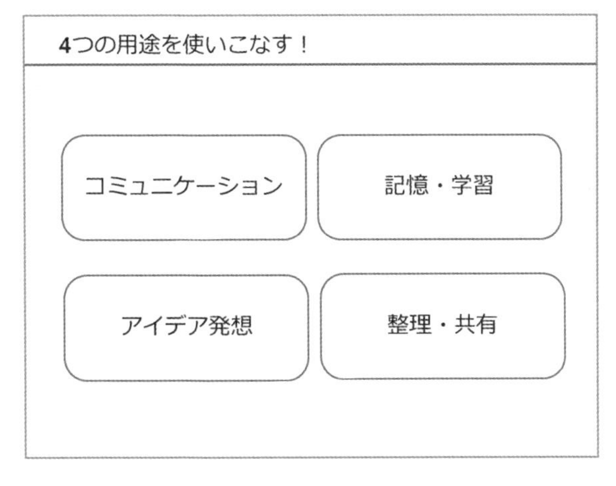

図5-26　再掲：マインドマップの4つの使い方

05-07 マインドマップを使い続ける

いよいよ，学びの手順も最後のステップです。これまでの6つステップを振り返り，使い続けるためのヒントをご紹介します。

①学びの手順の7番目は「自分なり」です

ここまでスキルとして，6つを紹介してきました。もう一度1から6までを振り返っておきましょう。

第1段階の10本マップは，第1階層のみの簡易マップ。「未来のワーク」で使いました。発散マップでは，第2階層以降をどんどん拡げていくことがポイント。第3段階は，仕上げのステップを加えた，発散〜関連付け〜収束マップでした。

さらに，フルスペックでのマインドマップを作るためのツールとして，色，イメージ，BOIの活用をご紹介してきました。ここまでいかがでしたか。

最後の7番目は，「自分なり」にです。今回ご紹介してきたのは，多くの日本人ビジネスパーソンにあわせて考えた，いわば標準型になります。しかし，実際には頭の中で起こっていることは，人それぞれです。だからこそ，自分なりにかく工夫を続けて欲しいのです。私自身，8年ほど前からマインドマップをお伝えしてきていますが，まだまだ進化を継続中なのです。ぜひ自分なりのかき方，自分なりの一枚を考えてみてください。

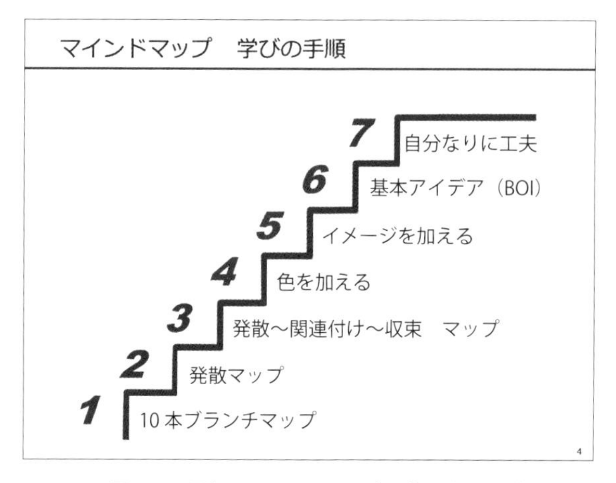

図5-27　再掲：マインドマップの「学びの手順」

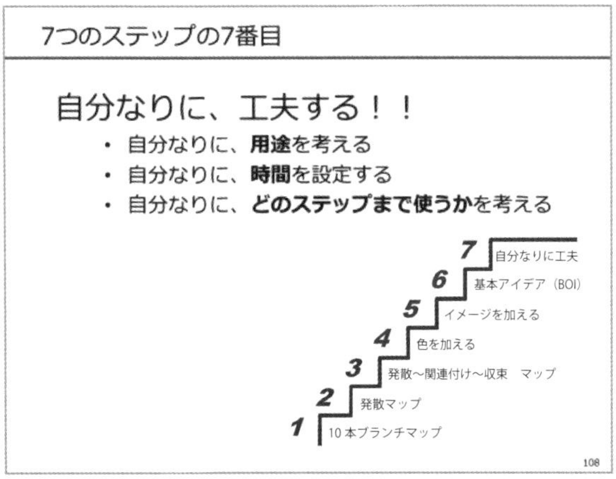

7つのステップの7番目
自分なりに、工夫する！！
• 自分なりに、**用途**を考える
• 自分なりに、**時間**を設定する
• 自分なりに、**どのステップまで使うか**を考える
7 自分なりに工夫
6 基本アイデア（BOI）
5 イメージを加える
4 色を加える
3 発散～関連付け～収束　マップ
2 発散マップ
1 10本ブランチマップ
108

図 5-28　自分なりに，工夫する

②マインドマップって何だろう？

実践ワークや実践的な使い方をご紹介してきましたが，いかがでしたか。もう一度マインドマップの定義を読み直してみましょう。

マインドマップは思考の地図であり，マインドの流れや位置関係を見える化するものである，と私は定義しています。

実際にかいてみてこの感覚をおわかりいただけたでしょうか。「見える化」するから，より深く考えられる，気付かなかったような考え方に気付ける。他の人と共有もできる。

まさに，脳で行うことは，何にでも使える多機能万能ツールがマインドマップなのです。マインドマップを開発したトニー・ブザンさんは，脳のスイスアーミーナイフと言っているほどです。

マインドマップとは？
マインドマップは、**「思考の地図」**
マインド（思考や感情など精神活動すべて）の流れや
位置関係を見える化する

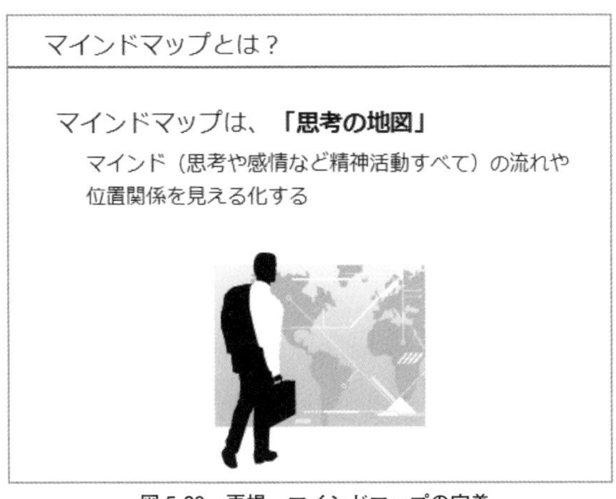

図 5-29　再掲　マインドマップの定義

③使い続けるためのヒント

実際に8年以上マインドマップをお伝えする現場の第一線に携わってきましたが，使い続けることがとても大事だと思っています。そのためのヒントをいくつかご紹介しましょう。

[1] カラーペンを毎日持ち歩く
「ペンがないからかけません」。そんな言い訳ができないようにするために，カバンの中に入れて持ち歩きましょう。私はステッドラーのトリプラスファインライナーを愛用していますが，好きなペンを買うとつい使いたくなります。少し時間を取って，カラーペンを使ったフル・マインドマップにぜひ挑戦してください。

[2] ちょっとしたメモとして気軽に使う
毎日必要なことに使うと，習慣になりやすいです。別に身構えてしまわなくても大丈夫。今日のお買い物メモや仕事の内容のかき出し，読書メモなど，ちょっとしたメモに活用してみましょう。頭の中から紙の上に出すだけで，すっきりする感覚を大事にしましょう。

[3] 学びの手順の中でどこまで使っても大丈夫／90秒あればマップはかける
毎回フル・マインドマップをかく必要はありません。時間や目的に合わせて，さらさらっと気軽に使ってみてください。10本マップなのか，発散収束のミニマップか，それともフル・マインドマップかは皆さん次第なのです。

[4] 楽しいテーマで笑顔でかく
楽しいテーマで，ニコニコしながらかこう！ 「好きなモノ」，「将来の夢」，「やりたいこと」などなど，かいていて思わず笑顔になるようなテーマでかこう。課題や問題点系のテーマは，あるべき姿に置き換えてテーマ設定すると，気持ちよくかけます。

[5] 恥ずかしがらずに，見せ合おう／ライバルや共に学ぶ仲間を作ろう
ライバルや仲間を誘って一緒に始めると続きやすくなります。そして，ぜひ見せ合ってみてください。みんなでやると，かき続けられる可能性がグンとアップできます。

[6] 新しいコトに挑戦するのは楽しいことだ！
せっかく新しいコトに挑戦するのだから，今までの方法とあまり較べすぎないで，まずは使い慣れてみよう。新しい挑戦自体が，新しい扉を開けてくれる楽しい活動なのです。

[7] まず20枚に挑戦：最初のハードルを越えてみよう
習慣にするには3週間。毎日1枚ずつ20枚を目安に挑戦してみよう。「あっ，こういうことなんだ」と自分でわかってしまうような瞬間が訪れます。

④終わりに：自分の脳の力を信じよう

マインドマップは，単なる思考ツールではありません。その背景には，とても大事な原則が設定されています。冒頭でも申し上げましたが，人類の脳は，バイオスーパーコンピューターで，誰もが天才的な能力を備えているという考え方です。そして，マネージメントがうまくいけば，この大きな力を発揮・解放できるのです。

私自身はマインドマップを，自分自身が本来もっている力を引き出してくれるツールであり，自分自身の可能性を拡げてくれる道具であり，自分自身が好きになることを助けてくれるツールだと信じています。

ぜひ日常的に，あるいは，ここ一番の思考ツールとして愛用してください。

この第2部「マインドマップ実践講座」を読み直しながら，しっかり使えるようになってもらえることを願っています。本当に多様なマインドマップのかき方，使い方の中から，今回はスキル面を中心にご紹介しました。ぜひ継続して使ってみてくださいね。

図5-30　マインドマップとは？

■ 著者紹介

関田一彦（せきた・かずひこ）
創価大学教育学部教授。専門分野，教育心理学。
担当：Chapter 01, 03

山﨑めぐみ（やまさき・めぐみ）
創価大学学士課程教育機構准教授。専門分野，ステューデント・アドバイジング。
担当：Chapter 02

上田誠司（うえだ・せいじ）
株式会社エクセル教育研究所社長。ThinkBuzan 公認マインドマップ®インストラクター
担当：Chapter 04, 05

本書で利用しているマインドマップ実践講座の図版のPDFデータ（抜粋版）をご希望の方は，以下のホームページまでアクセスください。

『マインドマップを使おう』ホームページ
http://mindmap-elab.com/

授業に生かすマインドマップ
アクティブラーニングを深めるパワフルツール

2016年1月26日　初版第1刷発行　（定価はカヴァーに表示してあります）

著　者　関田一彦
　　　　山﨑めぐみ
　　　　上田誠司
発行者　中西健夫
発行所　株式会社ナカニシヤ出版
〒606-8161　京都市左京区一乗寺木ノ本町15番地
Telephone　075-723-0111
Facsimile　075-723-0095
Website　http://www.nakanishiya.co.jp/
E-mail　iihon-ippai@nakanishiya.co.jp
郵便振替　01030-0-13128

装幀＝白沢　正／印刷・製本＝ファインワークス

ISBN978-4-7795-1018-2